図説 ハプスブルク帝国

加藤雅彦

ウィーンのベルヴェデーレ宮殿［第４章参照］の門扉

図説◉ハプスブルク帝国　目次

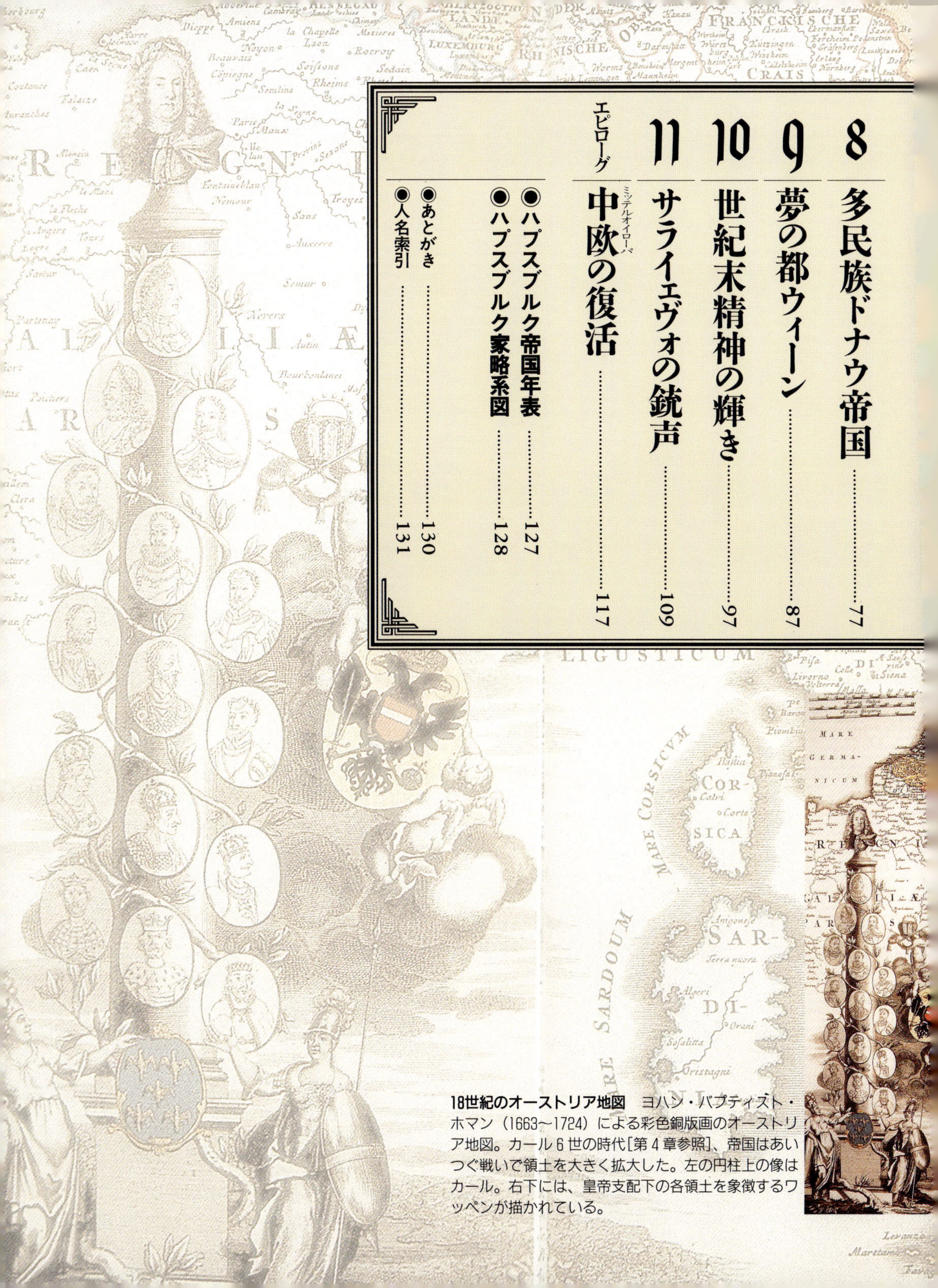

18世紀のオーストリア地図　ヨハン・バプティスト・ホマン（1663〜1724）による彩色銅版画のオーストリア地図。カール6世の時代［第4章参照］、帝国はあいつぐ戦いで領土を大きく拡大した。左の円柱上の像はカール。右下には、皇帝支配下の各領土を象徴するワッペンが描かれている。

◉ はじめに

ヨーロッパのいずれの国であろうと、その国の歴史をたどっていくと、決定的な時期に、ハプスブルク帝国と深い関わりをもっていることを知る。それはちょうど、各国の歴史の深層に広がる巨大な岩盤のような存在である。ハプスブルク帝国は、ヨーロッパの歴史のまさに核心部分をなしている。

今世紀に入り帝国崩壊後、オーストリアのリヒァルト・クーデンホーフ・カレルギー伯は、汎ヨーロッパ運動を展開し、欧州統合思想の生みの親となった。ベルリンの壁が崩壊し、「東欧」が消滅して「中欧」が復活した今日、ハプスブルク帝国が中欧に残した精神的遺産は、ふたたび新たな生命を獲得しつつある。

双頭の鷲　ウィーンのシュテファン大寺院［第1章参照］屋根を飾る双頭の鷲。この紋章は古代バビロニアに起源をもち、古代ローマでは皇帝のシンボルマークであった。西暦800年カール大帝の戴冠とともに、神聖ローマ皇帝［第1章参照］の紋章となり、15世紀には帝国の国章として使用された。1806年神聖ローマ帝国の消滅後は、オーストリア皇帝の紋章として引き継がれた。なお双頭の鷲は、ビザンティン（東ローマ）帝国滅亡後、最後の皇帝の姪を娶ったロシア王家の紋章ともなった。

クーデンホーフ・カレルギー伯
第一次世界大戦後、ヨーロッパ統合運動を起こしたオーストリアの政治家。日本人を母に東京に生まれる。冷戦時代、オーストリアは中立国のためＥＵ（ヨーロッパ連合）加盟を果たせなかったが、1995年１月長年の夢を達成した。写真は、彼の生誕百年を記念して1994年オーストリアで発行された切手。

1 ライン上流「鷹の城」から

現存するハビヒツブルク城　ハプスブルク家の起源となったハビヒツブルク（「鷹の城」の意）。スイス・アールガウ州のブルック市の近く、ライン河上流に注ぐアーレ川沿いの小高い丘の上に現在も残っている。

ハビヒツブルク城　この城は1020年、シュトラスブルクの僧正ヴェルナーによって建てられた。12世紀はじめアルザスの領主オットーが、城の名にちなみ自らをハプスブルク伯と称したのが家名の由来とされる。

ハプスブルク家

ライン河の上流、スイスのバーゼルからさらに遡ること数十キロ、支流のロイスとアーレの合流地点の近くに、ブルックという小さな町がある。この町の郊外の山の上に、今日もなお中世の城塞の廃墟を望むことができる。一〇二〇年に築かれた「ハビヒツブルク（鷹の城）」である。その名はやがて「ハプスブルク」となる。そしてそれは一二世紀に入って、この地を支配していた貴族の家名となった。ハプスブルク家の起源である。

　ハプスブルク家は、一三世紀前半には、アルプス、シュヴァルツヴァルト、エルザス（アルザス）の各地に、飛び地のように領土を広げていた（地図参照）。時代の流れが同家の運命を大きく変えることがなければ、ハプスブルク家は、そのままライン上流一帯を領有するドイツの一侯国となっていたにちがいない。

　だが彼らは、やがてラインを去ってドナウへと向かう。自らに課せられた神聖ローマ帝国の支配者としての使命をまっとうせんがためである。

「神聖ローマ帝国」――まことに実体のつかみがたい名称であるが、ハプスブルク帝国の歴史は、このライン上流の田舎領主が、この国の帝冠（最初は王冠）を手にすることから始

ハプスブルク家発祥の地

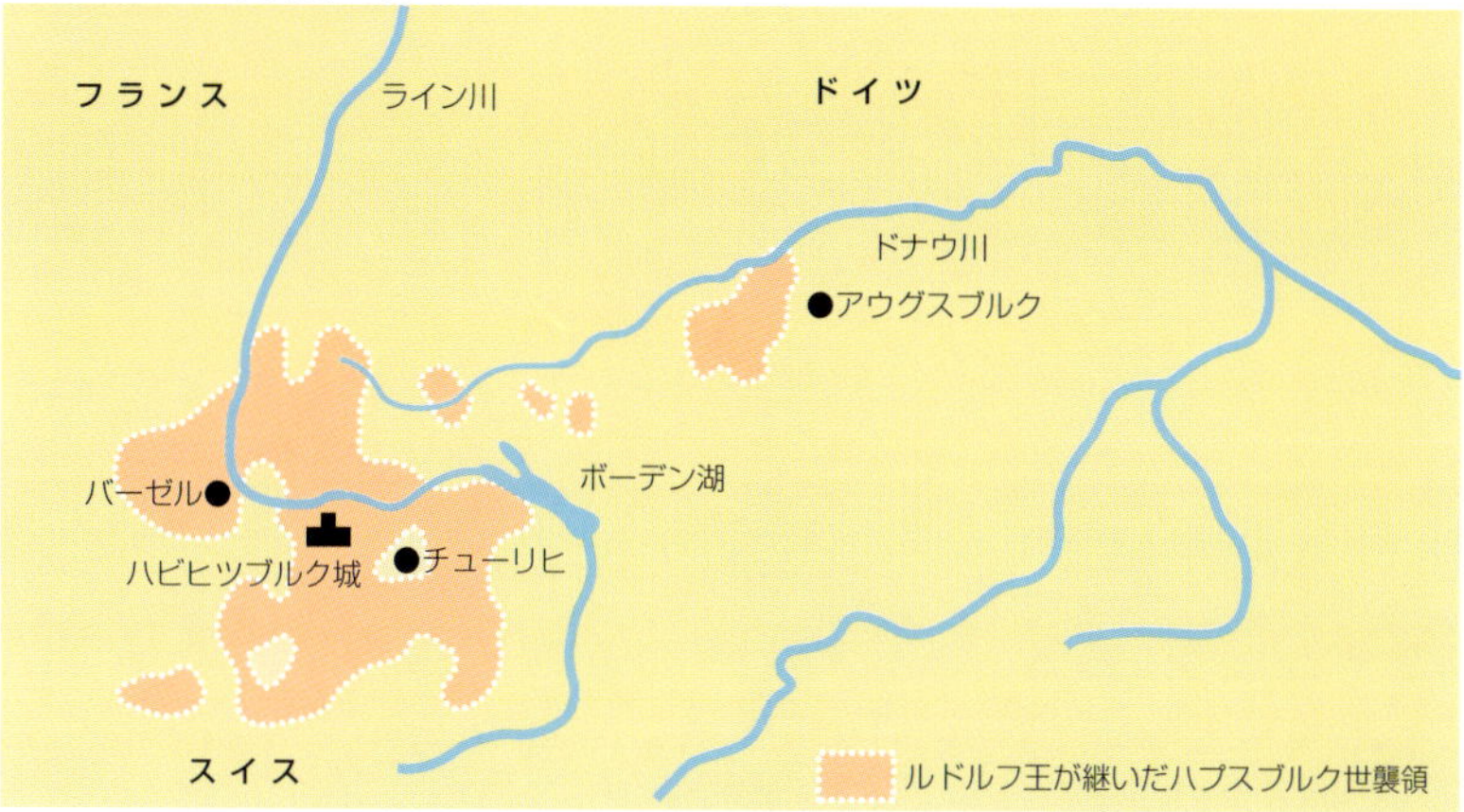

ハプスブルク家発祥の地
ハプスブルク家はもともとアルプス山中の小貴族にすぎなかった。初代の王ルドルフ1世が、1240年、父アルブレヒトから相続した所領は、飛び地のような領地の寄せ集めであった。

ハビヒツブルク城復元図
11世紀に建てられたハビヒツブルク城は、図のような姿をしていたものと考えられている。今日残っているのは、この図の左方のいわば天守閣に当たる部分と想像される。

まるのである。その神聖ローマ帝国とは、いったいどんな国であったのだろうか。

当時、ヨーロッパの中央部は、神聖ローマ帝国の支配のもとにあった。その領域は、ライン流域、ドナウ中流域、アルプス、ボヘミア山地へと広がり、ドイツ民族を主たる構成民族とした。

しかし「帝国」とはいうものの、それは今日の我々の常識とはおよそかけはなれた国家であった。「帝国」は数多くの公領（バイエルン、ザクセンなど）、地方伯領（テューリンゲン）、辺境伯領（ブランデンブルク、オーストリアなど）といった大小さまざまの諸侯国や、王国（ボヘミア、イタリア）から成り立っていた。したがってそれは、統一された中央集権国家とはほど遠く、また古代ローマ帝国のように、すべての道が通じる都をもっているわけでもなかった。

神聖ローマ皇帝

支配者たる「神聖ローマ皇帝」にしてもそうであった。当時イギリスやフランスでは、王位を一族で代々受け継ぐ世襲制が確立されていたのに対し、神聖ローマ皇帝は選挙によって選ばれていた。「選帝侯」といわれる諸侯の中の有力者が、皇帝をだれにするかを決定していたのである。彼らによってまず「ドイツ国王」が選出される。そのあと国王は、さらにローマ法王から帝冠をうけることによって「神聖ローマ皇帝」の地位についた。

「選帝侯」は七人からなっていた。七人とは、三人の宗教諸侯（マインツ、ケルン、トリアの領主大司教）と四人の世俗諸侯（ボヘミア王、ザクセン公、ブランデンブルク辺境伯、プファルツ伯）である。皇帝を選ぶにあたって、彼らは当然のことながら、自らの地位の安定に利用でき、かつ自らの意のままになる人物を選ぶのを常とした。

そうはいうものの、いったん国王に選ばれた者は、帝冠を約束されたも同然であった。「神聖ローマ皇帝」の精神的な権威は絶大であった。もともとそれは、古代ローマ帝国の復活を夢みたフランク王国（今日の独仏の前身）のカール大帝（シャルルマーニュ）が、西暦八〇〇年ローマ法王から帝冠をうけたのが、その始まりとされる。そしてこの先例は、分裂後の東フランク（ドイツ）に引き継がれ、支配者を「神聖ローマ皇帝」、その国を「神聖ローマ帝国」（一五世紀後半からは「ドイツ国民の神聖ローマ帝国」）と呼ぶようになったのである。

「神聖ローマ帝国」は、一八〇六年にいたって消滅し、ハプスブルク家は自らの帝国を「オーストリア帝国」と称することになる。「オーストリア帝国」はさらに、一八六七年には、

神聖ローマ皇帝帝冠　皇帝が代々戴いてきた帝冠。現在ウィーン・ホーフブルクの宝物館に展示されている。神聖ローマ皇帝オットー１世が、962年にローマで法王によって戴冠されたさいに作られたという。

「オーストリア＝ハンガリー帝国」とその名称を変え、一九一八年の帝国の終焉までそれがつづいた。ハプスブルク家が君臨してきたこの帝国を、人々は一般に「ハプスブルク帝国」と呼んでいるのである。

　ちなみにオーストリアとは、もともと「東の国」を意味し、Ostarrichiという名称で九九六年はじめて記録に登場した。

マルヒフェルトの決戦

　さて本筋にもどろう。ハプスブルク家が、その本拠地ライン上流を去ってドナウに移らねばならなくなったのは、この神聖ローマ皇帝の地位を引き継いだからであった。

　今日のオーストリア一帯は、もともとはハプスブルク家のものではなくて、辺境伯バーベンベルク家の所領であった。ドナウ周辺に数多くの修道院を建てたのも、ウィーンに城壁をめぐらせて、都の発展の基礎を築いたのも、バーベンベルクであった。ところが一二四六年、同家に後継ぎが絶えると、隣国のボヘミア王オットカル（オッタカル）二世が、ウィーンに攻め入った。オットカルのボヘミアは、周辺を脅かす強大な勢力となった（10頁の地図参照）。

　時あたかも、一方で神聖ローマ帝国は「大空位時代」、つまり皇帝不在という不安定な時代を迎えていた。それは一二五四年からつづいていたが、時を同じくして起きた急速なオットカルの勢力伸張に、法王もドイツ諸侯も警戒の念を強めるにいたった。その結果、一二七三年にドイツ国王に選ばれたのが、ハプスブルク家のルドルフであった。

　ルドルフ一世は、オットカルにオーストリアの返還を迫るが、オットカルはこれを拒否した。そこでルドルフは兵を率いてオーストリアに向かう。

　一二七八年八月二六日金曜日。両勢力が、ウィーン北東のマルヒフェルトで激突した歴史的な決戦の日である。

　白や赤の十字架をシンボルとするルドルフの軍勢は、「ローマ、ローマ」「キリスト、キリスト」と叫んで気勢をあげる。一方緑の十字架をかかげるオットカルの軍勢からは、「プラーガ、プラーガ」と鬨《とき》の声がどよめく。双方はながらく雌雄を決しかねていたが、やがてルドルフの奇襲作戦が功を奏してオットカルの軍は敗走する。オットカルは捕らえられ、復讐に燃える貴族たちに暴行と辱めをうけたうえ殺害されたという。戦場は、万を超える

オットカル　ボヘミア王オットカル２世。彼は、オーストリアのバーベンベルク家に世継ぎが絶えたのにつけこみ、今日のオーストリアからスロヴェニアにいたる地域を手中におさめ、その支配をアドリア海にまで拡大した。

ルドルフ１世　オットカルの勢力拡大を前にして、ドイツ諸侯は、1273年空位となっていたドイツ国王に、ハプスブルク家のルドルフを選んだ。ルドルフは、オーストリアの返還を拒むオットカルとやがて激突する。

オットカル勢の兵士の死体でおおわれた。

このマルヒフェルトの決戦の日こそ、ハプスブルク王朝の発展の始まりである。この日はまた、一九一八年まで六四〇年つづくハプスブルク帝国の幕開けでもあった。

「オーストリアよ、結婚せよ」

だがルドルフの死後、神聖ローマ帝国の支配者は、ハプスブルク家から他家へ移ってしまう。オットカルを破ったあと、実力者として頭角をあらわしたハプスブルク家は、選帝侯から忌避されたのである。ルドルフ以後およそ一五〇年間、ハプスブルク家は、時として王冠を手にしたが、長続きしなかった。

しかし一四四〇年、ふたたびハプスブルク家に家運がめぐってくる。この年ドイツ王に選ばれたフリードリヒ五世(王として四世となる)は、さらに五二年ローマに赴き戴冠式をあげた(皇帝として三世となる)。こうしてハプスブルク家は、一八〇六年ナポレオンによって神聖ローマ帝国が廃絶されるまで、ほぼ一貫して神聖ローマ皇帝の地位を引き継ぐことになった。

フリードリヒ三世は、このローマへの旅でまたとない幸運をつかんだ。美しいポルトガルの王女エレオノーレと華燭《かしょく》の典を挙げたのである。しかも彼女は、莫大な持参金と年金を、落ちぶれ果てていたハプスブルク家にもたらしたのであった。

しかし、そのフリードリヒ三世も時世には恵まれなかった。一四六二年には弟のアルブレヒトとの争いで、彼はウィーン王宮に囚われの身となる。隣りのハンガリーからは侵略を受け、八五年にはハンガリー国王マーチャーシュ・コルヴィヌスがウィーンに入城、自

マルヒフェルトの決戦 1278年、ルドルフはウィーン北東のマルヒフェルトの野でオットカルと対決、勝利をおさめた。時に彼は60歳。戦いの最中に落馬して、危うく命を落とすところであったという。

ハプスブルクとボヘミア

ハプスブルクとボヘミア 13世紀半ば、オットカル王が支配するボヘミアは、中欧の一大勢力であった。一方ハプスブルク家のルドルフは、ドイツ国王に選ばれたとはいうものの、アルプスの小領主にすぎなかった。

フリードリヒ3世の婚礼　戴冠のためのローマへの旅で、フリードリヒはポルトガルの王女エレオノーレと華燭の典を挙げる。この壁画には、シエナの城門前でエレオノーレと引きあわされるフリードリヒが描かれている。

らが没する九〇年までこの都を占領していた。フリードリヒは難を逃れてリンツに移る。

優柔不断で臆病な彼は、およそ戦いには不向きの人間であったが、ひたすら辛抱づよく耐えしのぶことによって、逆境や災難を切り抜けるのを得意とした。

しかも彼はこの間、ハプスブルク家繁栄の礎を築くことに成功したのである。彼は、戦わずして王家を発展させる独特の術を心得ていた。結婚政策である。一四七七年、彼は息子のマクシミリアンを、ブルグント（ブルゴーニュ）公国の公女で一人娘のマリアと結婚させた。当時両家ともに敵対していたスイスとフランスの脅威が、双方を接近させることになったのである。

ことにスイスは、ルドルフが没した一二九一年、ハプスブルクの支配に反発して、三州間で「誓約同盟」を結んだ。後のスイス独立の母体である。同盟軍は一四世紀には三度にわたってハプスブルク軍を破った。一方、マクシミリアンとマリアの結婚の半年前、スイス軍はブルグントを攻めて勝利を収めた。

ブルグント公女マリア
ハプスブルク家は、マクシミリアンとマリアとの結婚により、ブルグントを獲得した。だがマリアは結婚の5年後に落馬で命を失う。マクシミリアンは、心痛に加え、政治的に大きな打撃を受ける。

さてフリードリヒの結婚政策は、さらにマクシミリアンに引き継がれる。「戦いは他のものにさせるがよい。汝幸あるオーストリアよ、結婚せよ。――マルス（軍神）が他のものに与えし国は、ヴィーナス（愛の女神）によりて授けられん」。当時の有名なラテン語詩である。

一説によると、これはさきにふれたマーチャーシュ・コルヴィヌス王によるものという。王は、事にのぞんで無為無策のフリードリヒを皮肉ったのであろうか。それとも、ハプスブルク家の将来を洞察していたのであろうか。

フリードリヒ三世はまた、「AEIOU」という謎めいた文字を残している。彼は、ウィーンのシュテファン大寺院にある自らの墓碑や、ヴィーナー・ノイシュタットの居城などに、この文字を彫りこませている。ラテン語文の頭文字で、「オーストリアは滅びず」「オーストリアは全世界を支配せん」の意味とも、あるいはドイツ語文の頭文字で「世界はすべてオーストリアに従う」の意味ともいう。

そうだとすれば、一五〇〇年ぶりにハプスブルク家にもどった神聖ローマ帝国の支配者の地位を、今後絶対に手放すまいとするフリー

シュテファン大寺院　ウィーンのシンボル。ゴチック様式で、尖塔は高さ137m。ハプスブルク家のルドルフ建立公によって1359年礎石が置かれた。第二次世界大戦中、爆撃され砲火を浴びたが戦後復旧された。

AEIOU　フリードリヒ3世は、自分の墓碑や居城などに、この謎めいた5文字を刻みこませた。「オーストリアは滅びず」を意味するラテン文の頭文字だとか、その解釈をめぐっては300以上の見解があるという。

ドリヒの意志が、これらの五文字に託されたのであろう。はたして彼が残したこの家訓は、一八〇六年神聖ローマ帝国が消滅するまで守られることになるのである。

欧州最高のブルグント文化

すでにのべたようにマクシミリアンは、ブルグント公国のマリアを娶《めと》った。マリアの父シャルル「豪胆公」が前述の対スイス戦で陣没、マリアが公国を相続すると、ハプスブルク家はブルグントを手に入れた。ブルグント公国は、ブリュッセルを都とし、今日のフランスのブルゴーニュから、ベルギー、ルクセンブルク、オランダにまで広がっていた国である。当時ヨーロッパでは最大の富を集め、もっとも豊かな文化を誇っていた〔地図参照〕。

この地方の富の源泉は織物の生産であった。今日のベルギーにあたるフランドルでは、対岸に羊毛の供給地イギリスをひかえ、すでに一一世紀頃から毛織物業が発達して、都市は富を集めた。そしてその経済的繁栄を背景に、「中世の秋」と呼ばれるきらびやかなフランドル美術の花が開いたのである。ヴァン・アイク兄弟は、北欧ルネサンスの先駆けをなした画家として知られる。

マクシミリアンは、この地で世界への目を大きく開かれた。今日もその名残りをとどめるブリュージュ（現ベルギー領内）は、当時世界の貿易の中心として繁栄の極みにあった。彼は裕福な市民生活に目をみはり、都市文化の何たるかを知った。そこにはまたハプスブルク家には足元にもおよばぬ華やかな宮廷・騎士文化があった。ブルグントの獲得は、たんに所領の拡大と富をもたらしただけではなかった。ハプスブルク家はそれによって、欧州でもっとも香り高い文化の息吹きにふれることになったのである。

さて一四九三年父フリードリヒ三世の死後、マクシミリアン一世は王宮をチロルのインスブルックに開く。

彼が、西方のインスブルックに居城をおい

ブルグント公国

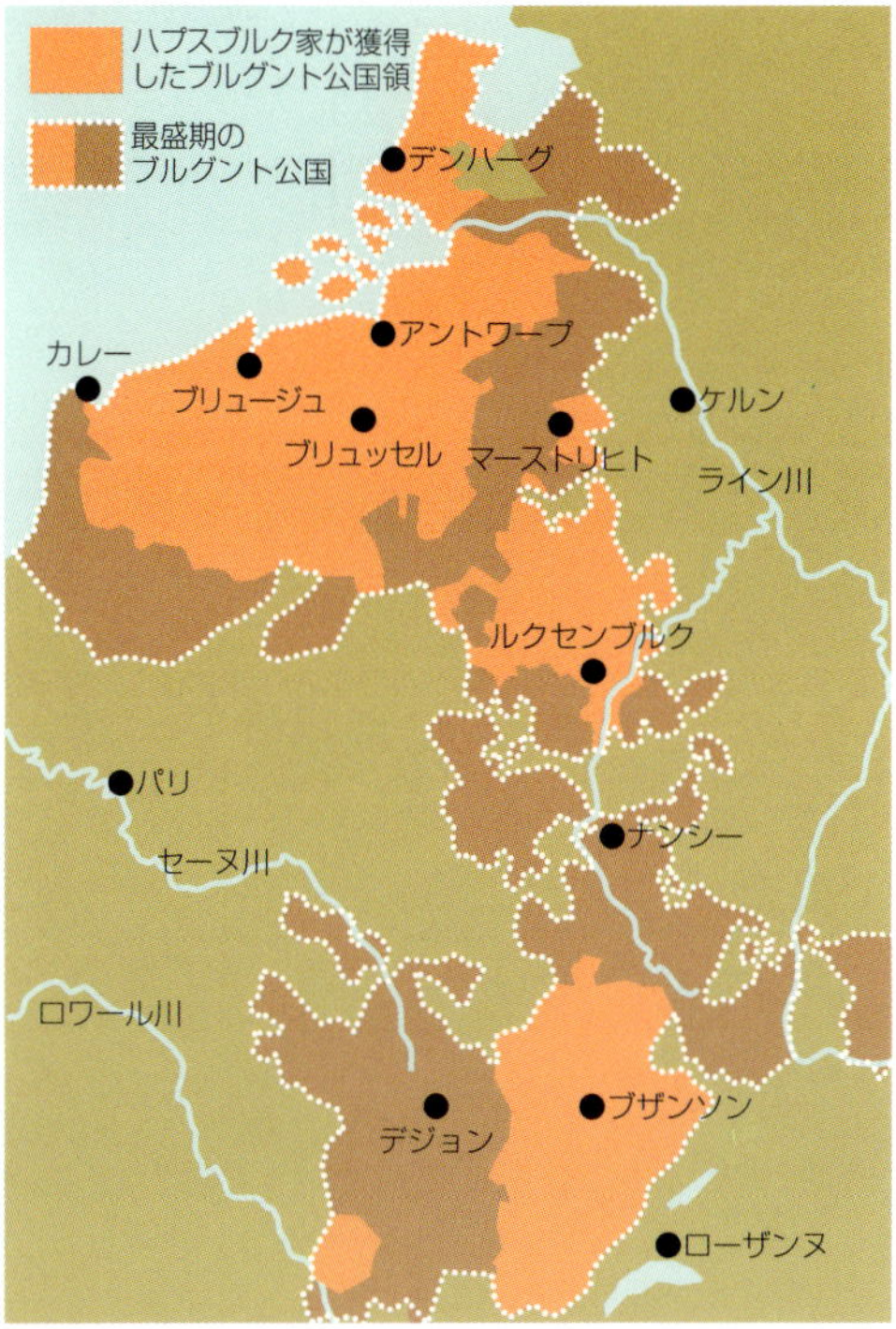

ブルグント公国　フランス・ブルゴーニュのディジョンを都として興ったブルグント公国は、15世紀には今日のベルギー、ルクセンブルク、オランダにまで領土を広げ、ブリュッセルを都として欧州一の繁栄を誇った。

ブリュージュ　中世フランドルの織物取引の中心として富を集めた。古い町並みと石畳の路地。町中を流れる運河とこれを跨ぐ橋は、まさに「北のヴェネツィア」。繁栄の極みにあったブルグント時代を髣髴させる。

芸術を愛したマクシミリアン　彼の依頼で巨匠デューラーが描いた肖像画。ブルグント文化との接触は、マクシミリアンに芸術への目を開かせた。彼以降ハプスブルク家には、芸術を理解し奨励する皇帝が数多く出た。

『楽を奏でる天使たち』　ヤン・ヴァン・アイクの傑作の一つ。きらびやかな衣装をまとって楽を奏でる天使たちの姿は、いかにも「中世の秋」と呼ぶにふさわしいブルグント文化の豊かさを思わせる。

インスブルックの「黄金の小屋根」　マクシミリアン１世によって1500年に建てられた。前の広場で催される競技を見物するためのバルコニーで、屋根は金箔ではりつめ、張出しには華麗な装飾がほどこされている。

ブルグント製のタピストリー　ブルグントの富の源泉は、フランドルの毛織物業にあった。イギリスから羊毛を安く輸入し、それを原料として生産される豪華なタピストリーやカーペットは、ヨーロッパ中でもてはやされた。

たのは、フランスに備える必要があったからであった。マクシミリアンは、マリアとの結婚によってブルグントを手に入れたものの、同じくこの地に野心をもつフランスとライバルの関係に立つことになったのである。チロルはまた、ローマ時代いらいドイツからイタリアへ抜ける要路に位置していた。通商のみならず戦略的にも重要な土地であった。さらにチロルが、マクシミリアンがこよなく愛した狩りに、うってつけの場所であったことも、彼がこの地に惹《ひ》きつけられた理由の一つであったのであろう。

　マクシミリアン一世のもとでインスブルックは栄えた。マクシミリアンは、ブルグントの宮廷文化をインスブルックにもちこんだ。旧市街にある「黄金の小屋根」は当時の繁栄の名残りである。彼は、チロルの豊かな銀や銅の採掘権を富豪のフッガー家に与え、見返りに巨額の財政支援をえた。チロルはまた岩塩の産地であった。彼は、塩への課税を行って国の貴重な財源とした。

　これらの富の源泉は、インスブルックを潤しただけではなかった。それはまた、彼が晩年忙殺されたあいつぐ戦争の貴重な戦費となったのである。「中世最後の騎士」といわれ、「最初のルネサンス人」ともいわれるマクシミリアン一世はまた、すぐれた現実政治家でもあったのである。

2 日没なき世界帝国へ

世界の支配者カール５世　甲冑で身を固めたカール。左上には帝冠が重厚な光を放ち、帝笏を握った彼の手は、ヘラクレスのさし出す地球の上にのせられている。日没なき世界帝国の覇者を描いたルーベンスの作品。

マクシミリアンの結婚政策

フリードリヒ三世が始めて息子のマクシミリアン一世に引き継がれた結婚政策によって、ハプスブルク家には世界帝国への道が開かれる。さきの「戦いは他のものにさせるがよい。汝幸あるオーストリアよ、結婚せよ」という有名なラテン語詩は、フリードリヒではなく、マクシミリアンをさす読み人知らずの作だとする説が他方において有力である。

すでにのべたように、マクシミリアン自身、マリアとの結婚によってブルグントを手に入れていた。そのマクシミリアンが今度は、息子と娘をスペイン王家と結ばせ、さらに孫と孫娘をボヘミア・ハンガリー王家と縁組みさせたのである。そしてまったく偶然にも、相手の王家に世継ぎが絶えたことから、ハプスブルク家は、両王家の王冠を手にし、その所領を獲得することになったのである（表および巻末のハプスブルク家略系図参照）。

マクシミリアン一世はまず一四九六年、息子のフィリップ美公をスペイン王家の王女フアナと、さらに翌年には、娘のマルガレーテを同じくスペイン王家の王子フアンと結婚させた。両家間で二重の結婚を成立させたのである。共通の敵フランスに備える必要から、両家は結ばれたのであった。

ところが将来スペイン王になるべきフアンは、結婚後半年で病死する。王位継承権者となったフアナも、母（カスティーリャ女王）と夫をあいついで亡くしたあと、精神を病み幽閉される。こうしてスペイン王位は、父（アラゴン王）が没した一五一六年、フアナの長男カールによって引き継がれた（19頁参照）。

マクシミリアン一世は、さらに一五一五年、カールの弟フェルディナントと妹マリアを、それぞれボヘミア・ハンガリー王家の王女アンナ（当時一二歳）および王子ラヨシュ（当時九歳）と婚約させ、ここでも二重結婚へとこぎつける。当時ボヘミアとハンガリーの王位は、ヤギェウォ家（ポーランドの王家）が兼ねてい

フィリップ美公　マクシミリアン1世とマリアとの間に生まれた公子。スペイン（カスティーリャ=アラゴン）王家の王女フアナと結ばれ、カールをはじめ2男4女をもうけたが、28歳の若さで他界した。

◉王家を飛躍させた結婚政策

1477年　マクシミリアン1世　◎　マリア（ブルグント公女）

➡ 1477年　ブルグントを相続

1496年　フィリップ美公　◎　フアナ（スペイン王女）
1497年　マルガレーテ　◎　フアン（スペイン王子）

➡ 1504年　カスティーリャ（スペイン中西部）を相続
1516年　アラゴン（スペイン東部）を相続

1521年　フェルディナント1世　◎　アンナ（ボヘミア・ハンガリー王女）
1522年　マリア　◎　ラヨシュ2世（ボヘミア・ハンガリー王）

➡ 1526年　ボヘミア・ハンガリーを相続

ラヨシュ2世戦死　マクシミリアンの孫娘マリアと結ばれたボヘミア・ハンガリー王ラヨシュ2世は、1526年対トルコ戦で戦死する。その結果両国の王冠は、二重結婚で結ばれたハプスブルク家に帰することになった。

マクシミリアン１世と家族　（後ろ左）マクシミリアン、（右）妃マリア、（中央）息子フィリップ美公。（前左から）孫フェルディナント、カール、ハンガリー王子ラヨシュ。カールは後に世界帝国の支配者となった。

ハンガリー王冠　歴代のハンガリー王が戴いてきた王冠。第２次世界大戦後アメリカに持ち去られたが、1978年カーター大統領によって、ハンガリーに返還され、現在ブダペストの国立博物館に展示されている。

ボヘミア王冠　ボヘミア王が歴代戴いてきた王冠。プラハ城内にある聖ヴィート寺院の聖ヴァツラフ礼拝堂に安置されている。黄金の王冠には、世界でも最大級といわれるサファイアがちりばめられている。写真はレプリカ。

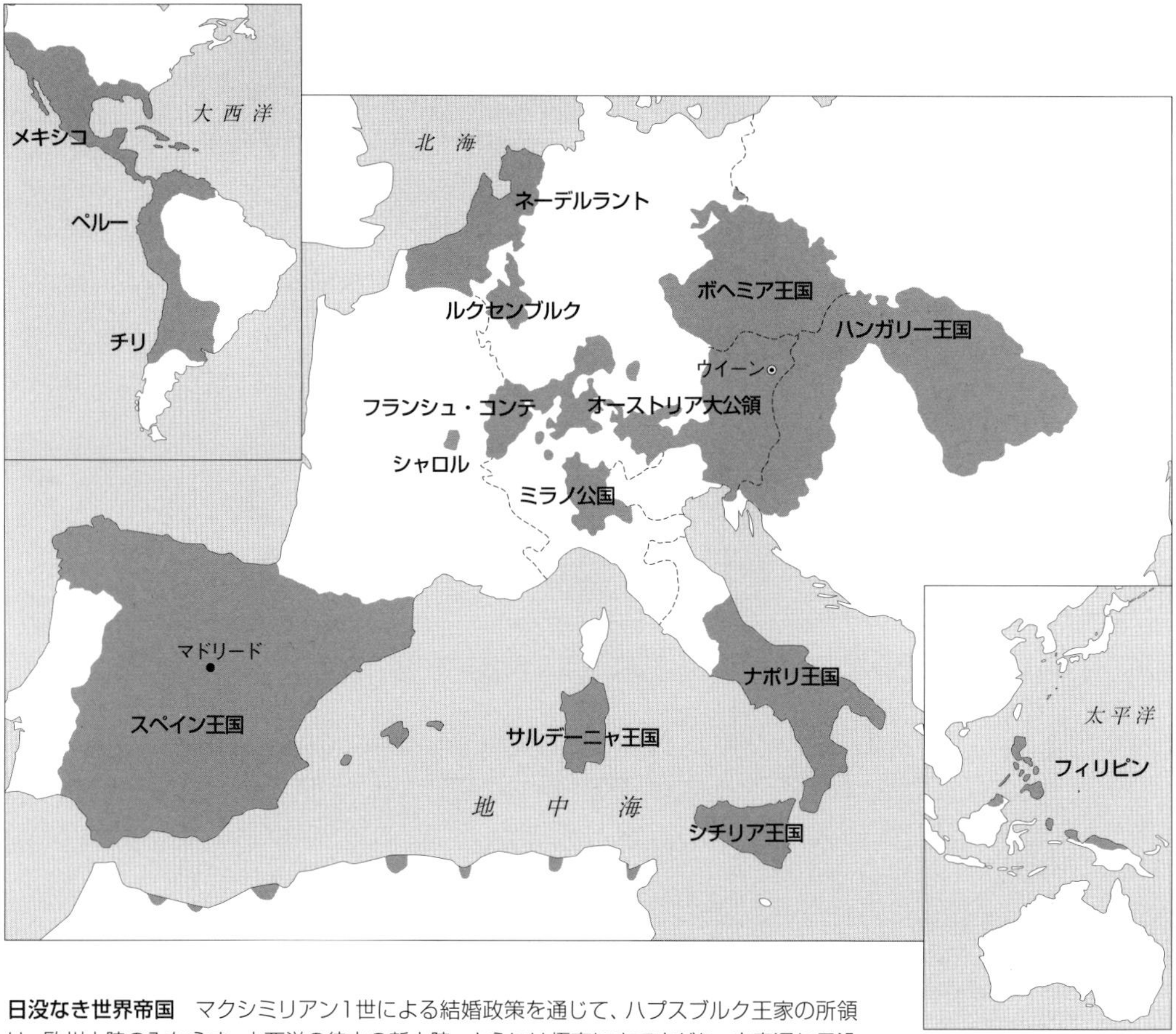

日没なき世界帝国　マクシミリアン1世による結婚政策を通じて、ハプスブルク王家の所領は、欧州大陸のみならず、大西洋の彼方の新大陸、さらには極東にまで広がり、文字通り日没を知らぬ世界帝国へと躍進した。

た。バルカンを北上するオスマン・トルコに脅かされていたヤギェウォ家は、ハプスブルク家との絆を必要としたのであった。

ところが一五二六年、ヤギェウォ家のラヨシュ二世は、モハーチでの対トルコ戦で二〇歳の若き命を落としてしまう。このためまたもマクシミリアンの孫のフェルディナントが、ボヘミアとハンガリーを引き継ぐことになったのである。

要約すると、ハプスブルク家は、フリードリヒ三世とマクシミリアン一世の二代にわたる結婚政策をつうじて、五組の王家間結婚を成立させ、ブルグント、スペイン、ボヘミア、ハンガリーを獲得したのである。当時スペインは、大西洋の彼方の新大陸から、極東のフィリピンまで支配する植民帝国として躍進中であったから、この結婚政策の結果、ハプスブルク家は文字通り「日没なき世界帝国」の支配者となったのである〔地図参照〕。

世界帝国の光と影

さてこの「日没なき世界帝国」の皇帝となったカールと、弟のフェルディナントとは、幼少から別れて育った。というのは、「狂女」ファナとあだ名され、精神に異常を来していた母親のもとでは、子供の養育は無理であったからである。このため兄弟は、親族にひき

繁栄するセビリア　スペインの新大陸発見後、セビリア港は大西洋貿易を独占し、金銀財貨を運ぶ船で賑わった。しかし新大陸からの富は、王家と外国の銀行家を潤したもののスペインを豊かにはしなかった。

「狂女」フアナ　スペイン王家から、ハプスブルク家のフィリップ美公に嫁いだ。精神に異常を来したため「狂女」と呼ばれるにいたったが、ハプスブルク家に、世界帝国へのチャンスをもたらしたのは彼女であった。

とられた。カールはブルグントの叔母のもとで、フェルディナントは、母の故郷スペインの祖父のもとでそれぞれ育てられた。

そんなカールが、すでにのべたように、突然スペイン王冠を戴くことになったのである。カールは、一五一六年に即位、翌年カルロス一世としてこの国にやってくる。彼はこのとき、生まれてはじめてスペインの土をふんだのであった。彼はさらに一五一九年、祖父マクシミリアン一世の死後をうけ、カール五世として神聖ローマ皇帝に選ばれ、翌年アーヘンで戴冠式を挙げた。この間、弟のフェルディナントは、兄と入れ代わりに、生まれ育ったスペインを去る。

さて当時スペインは、強大な植民帝国として発展をつづけていた。

この国は、八世紀いらいイスラム教徒の支配下にあったが、一一世紀からカトリック教徒による国土回復運動「レコンキスタ」（「再征服」の意味）が始まった。それは一四九二年、イスラム最後の拠点のグラナダの陥落をもって、カトリックの勝利に終わった。

この間一四七九年にスペインは、カスティーリャ（イサベラ一世）とアラゴン（フェルナンド二世）が連合王国を形成して、統一を実現した。この頃スペインはすでにシチリア、サルデーニャ、ナポリと、イタリア半島の三王国を手にしていたが、一五世紀末から一六世紀はじめにかけて、さらに新大陸に広大な植民地を獲得することになる。

当時世はまさに大航海時代であった。「レコンキスタ」が終わった一四九二年は、新たな征服の始まった年でもあった。この年、イサベル女王の援助をえて大西洋に船出したコロンブスは新大陸を発見した。

一五一九年には、コルテスが五〇〇人の兵を率い、一〇門の大砲をもってメキシコに侵入、二年後に征服する。カルロス一世（カール五世）の特許をえたマゼランの船は、一五二二年には世界周航に成功した。一五三一年には、ピサロがわずか一八〇人の兵をもって、ペルーのインカ帝国の征服にのりだし、二年後にこれを滅亡させる。コルテスが上陸したとき、二三〇〇万を数えた新大陸の原住民インディオは、数十年後には一三〇万に激減したといわれる。

新大陸で豊富にとれる金銀が、スペインに流れはじめる。しかしその大部分は、王家や貴族の奢侈についやされ、あるいは戦費や外国からの債務の支払いにあてられて、国の富をなすにはいたらなかった。

戦いに明け暮れたカール五世

カール五世の帝国は、欧州の覇者フランスを脅かすことになった。フランスとの敵対関係は、ハプスブルクがブルグントを領有していらい始まっていた。カールは、フランスと激突する。

だがカールは、一五二五年、イタリアのパヴィアの戦いで、フランスのヴァロワ家のフランソワ一世を下す。ハプスブルク家の強大

スペイン支配名残りの双頭の鷲　ハプスブルク家のカール５世は、スペイン王であると同時に、神聖ローマ皇帝としてこの国を支配した。旧都トレドの城門には、皇帝の紋章であった双頭の鷲のマークが刻み込まれている。

フェルディナント１世　ラヨシュ２世の戦死によって世継ぎを失ったボヘミア・ハンガリーの王冠は、妹アンナの夫フェルディナントが戴くことになった。彼は15人の子供をもうけ、伝来の結婚政策を忠実に踏襲した。

マルティン・ルター　16世紀初めローマ教会は、免罪符の販売によって、その権威を完全に失っていた。1517年ルターは法王を告発、宗教改革が始まったが、それは、カール５世にとって重大な挑戦となった。

仏フランソワ１世　世界帝国を築きあげたハプスブルク家にとって、もっとも手ごわいライバルはフランス王家であった。フランソワ１世は、カール５世と神聖ローマ皇帝の地位を争ったうえ、４度もカールと戦った。

戦うカール5世　新旧両派に分かれた諸侯は激突する。1547年カールは自ら馬を進め、ミュールベルクで新教諸侯の同盟軍を破る。しかし1555年アウグスブルクの宗教和議で、信仰の自由を認めざるをえなかった。

カール5世の妃イサベラ　イサベラはポルトガル王女。ティツィアーノによって描かれたこの肖像画からは、物静かで気品あふれる人柄がしのばれる。カールは1539年、結婚後13年で彼女を失い深い悲しみにくれた。

化をおそれたローマ法王が、フランソワを支持すると、カールの傭兵は、北イタリアに侵入し、一五二七年ローマに攻め入る。史上「ローマの略奪」として知られるこの事件で、永遠の都は廃墟と化した。

一方でカール五世は、神聖ローマ皇帝として、地上のみならず精神の世界でも最高の権威者であった。したがってカールの治世下で勢いをえつつあった宗教改革は、彼に対する許しがたい挑戦であった。

周知のとおり、宗教改革は、マルティン・ルターが、ローマ法王の免罪符販売を弾劾したことに端を発する。ルターは一五一七年、「九五カ条の論題」を発表して法王を告発した。たまたま印刷術の発明ともかさなって、彼の説はたちまちにして大きな反響を呼んだ。カールは一五二一年、ヴォルムスの帝国議会にルターを召喚し、主張の撤回を求めるが、ルターはこれを拒否した。

ルターを支持するプロテスタントは、諸侯の間で次第にひろがる。一五三一年、プロテスタント諸侯はシュマルカルデン同盟を結成して、カール五世と対立することになった。両者は一五四七年、エルベ河畔のミュールベルクで戦いを交える。カールは自ら戦場におもむき大勝利をおさめた。しかしそれは所詮、孤独な勝利であった。一五五五年、アウクスブルクの宗教和議で、彼は、諸侯に信仰の自由を認めざるをえなかった。カールはルターとの戦いには敗れたのである。

カール五世は、大帝国を統べるため、戦いに多忙な一生を送らなければならなかった。精根つきたかのごとく、彼は一五五六年に退位する。五〇歳代なかばというのに、彼はすでに老人のようにふけこんでいた。

その前年、彼はブリュッセルに一族を集めて退位を宣言し、さらにこうのべた。「ルターとその信奉者の異端や、一部のキリスト教諸侯の権力要求には手を焼いたが、私は自らを守るためどんな労苦をもいとわなかった。このため私はドイツへ九回、スペインへ六回、イタリアへ七回出陣した。ここへも一〇回やってきた。フランスへは和戦含めて四回、イギリスへは二回、そしてアフリカへは二回。全部で四〇回も旅をしたことになる……」。実

分裂したハプスブルク帝国

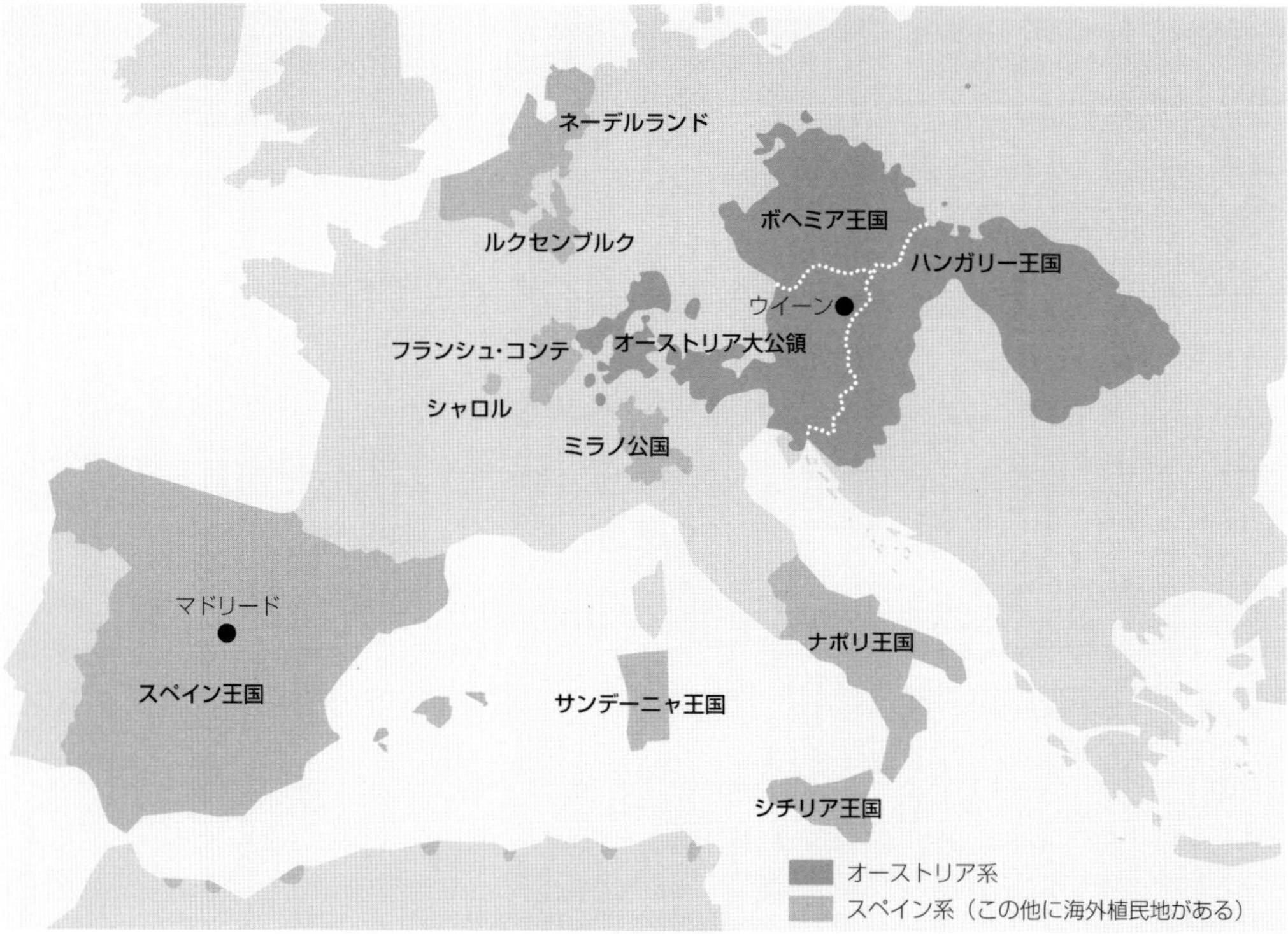

帝国２分割　カール５世の死後、ハプスブルク帝国はオーストリア系とスペイン系に分割された。前者はドナウ地域を、後者はスペインはじめその他の地域を引き継いだ。神聖ローマ皇帝の帝冠はフェルディナントが戴いた。

際彼ほどしばしば、しかも遠方へ旅をした帝王はめずらしかった。

カールは、マドリード西方のサン・ユステ修道院わきに隠れ家を建てさせ、そこに引きこもった。彼は、修道僧のうたう聖歌の調べに耳を傾けるのをなによりとした。退位から二年後の一五五八年の八月、カールは亡き妻イサベラの命日ミサに出た。ミサのあと、彼はイサベラの肖像画を眺めながら追憶にふけっていたが、不調を訴え床についた。そして翌月、五八年の生涯を閉じたのであった。

スペイン系とオーストリア系

「日没なき世界帝国」は半世紀もつづかなかった。引退したカール五世の意に従って、ハプスブルク家は、彼の息子フェリーペ（フィリップ）二世のスペイン系と、カールの弟フェルディナント一世のオーストリア系とに分かれた。これによりハプスブルク帝国も二分された。

フェリーペは、スペイン、ネーデルランド（今日のオランダ、ベルギー、ルクセンブルク）、イタリア半島、および海外植民地を、他方のフェルディナントは、オーストリア、ボヘミア、ハンガリーをそれぞれ継承した（地図参照）。そして神聖ローマ皇帝の帝冠はフェルディナントが手にした。

英女王エリザベス１世　新教弾圧に反抗するネーデルラントの背後には、イギリスがひかえていた。熱烈なカトリック教徒のメアリ１世のあと、エリザベスの下にイギリス国教会は中道的なプロテスタントへと移行していた。

フェリーペ２世　彼のもとでスペインは史上最盛期を迎えた。レパント海戦では、欧州への脅威トルコ海軍を壊滅させ、ポルトガル領を併せて王位を兼ねた。しかしあいつぐ戦争で国家財政は火の車であった。

オーストリア系に帝位が渡ったとはいえ、カール以後、さしずめ家運にめぐまれたのはスペイン系であった。スペインは、フェリーペ二世のもとで史上最盛期を迎える。一五七一年彼は、レパントの戦いでトルコ海軍に壊滅的打撃をあたえる。さらに一五八〇年にはポルトガルの王位も継承し、広大な海外植民地をふくむポルトガル領を併合した。

しかし、フェリーペ二世は、父親よりもさらに徹底したカトリック擁護策をとった。彼は、ネーデルラントで苛酷きわまる新教弾圧を行った。そしてそれが、やがてスペイン没落への道を開くことになるのである。

ネーデルラントは貿易で栄え、自由の気風に富み、多くのカルヴァン派新教徒が住んでいた。フェリーペは彼らに容赦のない弾圧を加えた。きびしい異端審問が開かれ、生き埋めや火あぶりの刑が日常的に行われた。ことに現地に派遣されたアルバ公は、暴虐のかぎりをつくし、ネーデルラントを恐怖のどん底におとしいれた。北部七州の住民は、ついに一五八一年、圧政に抗して独立を宣言する。それはまた史上初の人権宣言でもあった。

ネーデルラントの背後には、強力な支持者がひかえていた。同じく新教の国イギリスである。フェリーペ二世は生涯に四度結婚したが、二度目の妃に、イギリス女王メアリ一世を迎えた。彼は、熱心なカトリック信者のメアリと結ぶことによって、イギリスの新教を撲滅することをねらっていたのである。彼女が他界すると、フェリーペは、さらに妹のエリザベス一世に求婚した。しかし彼女はこれを拒絶するとともに、国内のカトリック復活運動を封じた。

こうしてカトリックのスペインと、新教のイギリスとの関係は険悪化した。一五八八年フェリーペの「無敵艦隊」は、イギリス海軍に大敗し、制海権をイギリスに奪われた。一六〇九年には、ついにネーデルランド北部（オランダ）が事実上独立を達成した。スペインの没落が始まった。

しかし衰退に向かったとはいえ、スペインは文化の面では、フェリーペ二世からさらに三世、四世にいたる三フェリーペの時代（一五五六～一六六五）に、「黄金の世紀」を迎える。

セルバンテスは『ドン・キホーテ』を書き、ベラスケスやエル・グレコは不朽の名画を後世にのこした。一五六一年にトレドから遷都されたマドリードは、華麗な都へと発展していく。フェリーペ二世がマドリードの西郊に、二一年の歳月をかけて建てた壮大なエル・エスコリアル宮は、まさに「黄金の世紀」の象徴であった。スペイン語は世界語となり、その地位は、一七世紀半ばにフランス語にとって代わられるまでつづいた。スペイン文化はオーストリアにも浸透していった。

スペイン無敵艦隊　新旧両教をめぐってイギリスとスペインの関係は険悪化、1588年海戦へと発展した。スペインが誇った無敵艦隊は大敗し、イギリスに制海権を奪われ、スペインの没落が始まった。

苛酷な異教徒弾圧　フェリーペ２世は、ネーデルランドで徹底的な新教弾圧を行い、生き埋め、火あぶりもいとわなかった。ピーテル・ブリューゲル（父）の『死の勝利』（1560）には弾圧への恐怖が暗示されている。（図は部分）

エル・エスコリアル宮　マドリード西郊グアダラーマ山麓にたつスペイン王家の居城・修道院・霊廟。フェリーペ２世が1563年から21年かけて完成。その豪壮な建物は後世、バロック時代に、修道院建築の模範とされた。

3 オスマン・トルコ来たる

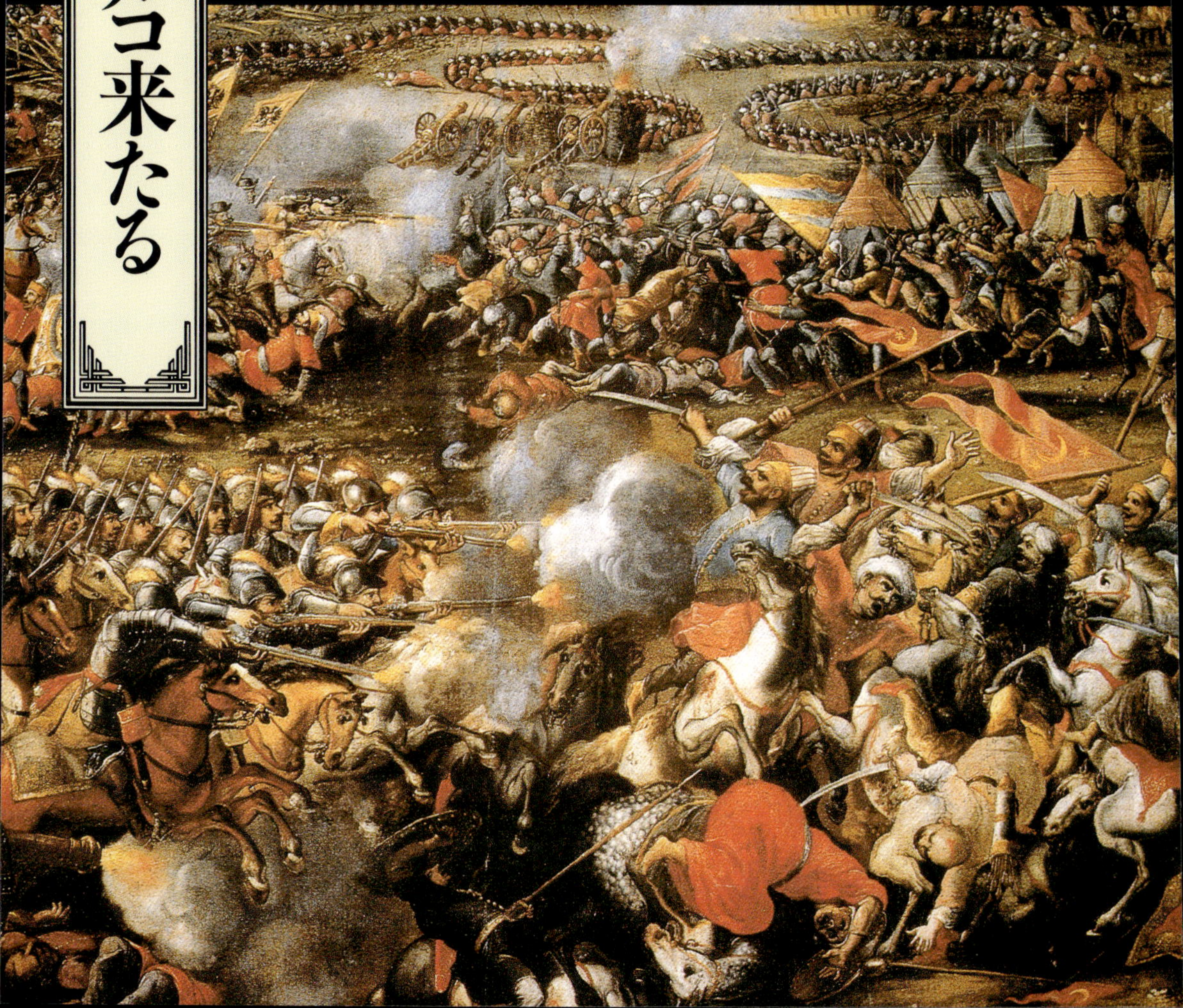

トルコ軍とのウィーン決戦　17世紀ハプスブルク帝国は、30年戦争についで、トルコ軍来襲という存亡の危機に立たされる。1683年キリスト教連合軍は、ウィーンを包囲したトルコ軍と一大決戦を交え敗退させた。

ボヘミアとハンガリー

さて、もう一方のオーストリア系は、さきにのべたように、ハプスブルク家世襲領のオーストリアのほか、ボヘミアとハンガリーを領有することになった。この後まもなくスペイン系が消滅すると、ハプスブルク家は、ひとりオーストリア系がその担い手となる。そしてオーストリアとボヘミアとハンガリーを核に、多民族ドナウ帝国として発展していく。

ところで、ボヘミアとハンガリーはいずれも古い王国であった。両国ともかつてドナウ一帯に覇をとなえ、一時はウィーンを占領し、ここを都としたこともあった。ハプスブルク家にとってこれら二王国は、古くからのライバルであった。

いまやオーストリアはそれらのライバルを支配下においたのである。しかし、それとともにハプスブルク家は、新たな試練に立たされることになった。新旧両教の対立に端を発する三〇年戦争と、オスマン・トルコによるウィーン包囲である。

まずボヘミアについてみてみよう。すでに

中世が息づくプラハ　プラハは、中世神聖ローマ帝国の都として栄えた。市内いたるところにそそり立つ教会の尖塔。中世以来この町は「黄金の都」「百塔の町」といわれて、その美しさを讃えられてきた。

黄金時代のボヘミア

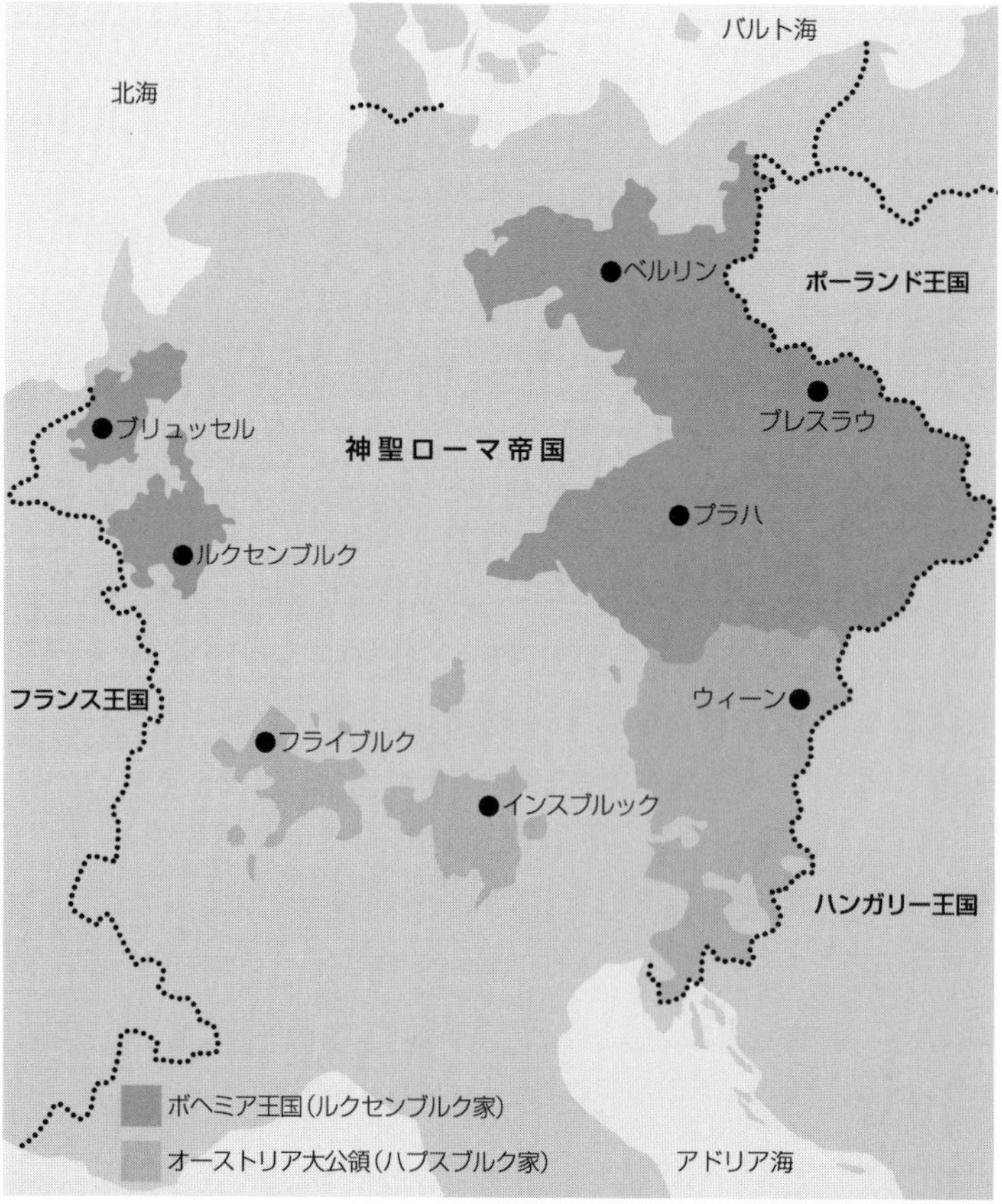

黄金時代のボヘミア　14世紀半ばボヘミアは、カレル王が神聖ローマ皇帝に選ばれ最盛期を迎えていた。この頃ハプスブルク家は、王家内の分裂・抗争やスイスとの戦争に忙殺され、家運は振るわなかった。

カレル4世　中世ボヘミアの名君。神聖ローマ皇帝を兼ねた。彼は今日なおプラハを飾るカレル橋をかけ、中欧最古の大学をこの都に開いた。ドイツ語、チェコ語をはじめ数カ国語をよくする超民族的な帝王であった。

フスの像　チェコ民族主義者でプラハ大学学長のヤン・フスは、ボヘミアで宗教改革運動を起こしたが、1415年コンスタンツの宗教会議で異端とされ、火あぶりの刑に処せられた。像はプラハ旧市街広場に立っている。

中世の大ハンガリー王国

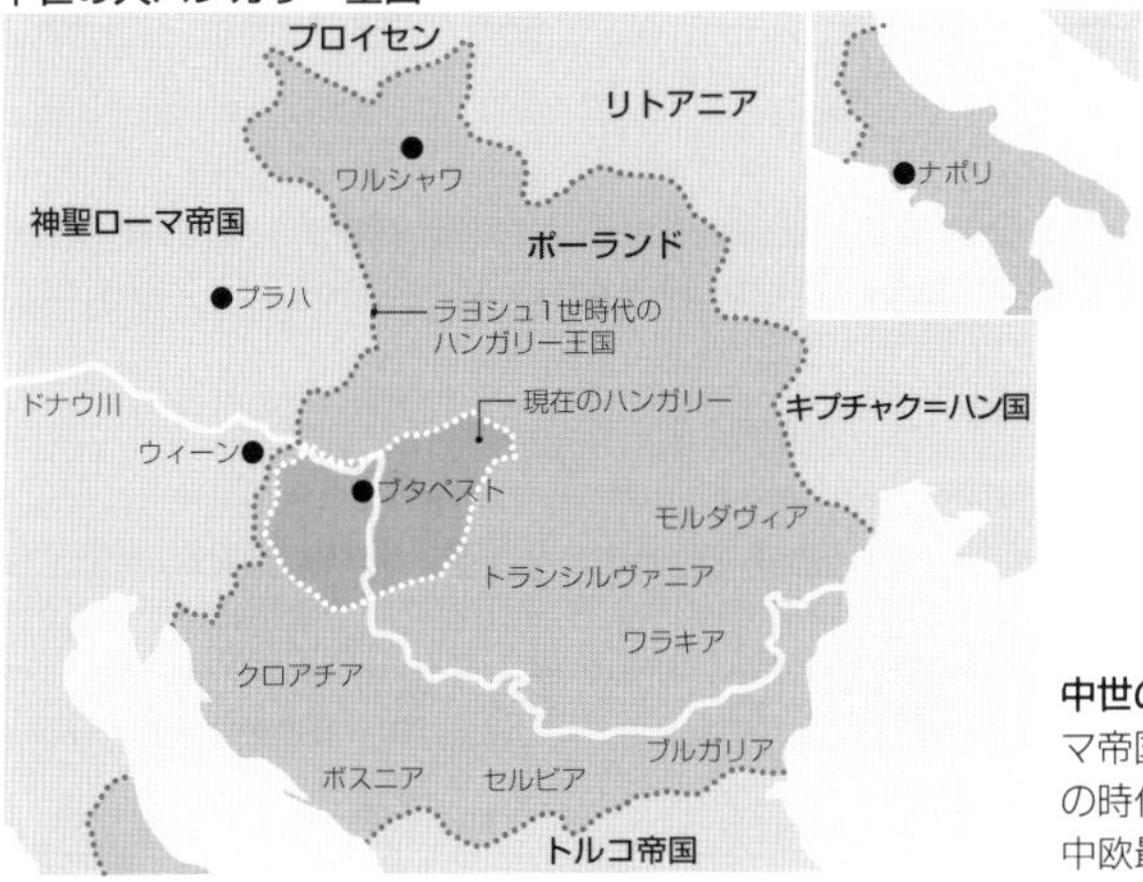

中世の大ハンガリー王国　14世紀ハンガリーは、神聖ローマ帝国の外にあって、強大な勢力を誇った。ラヨシュ1世の時代には、ポーランド王まで兼ね、3つの海を支配する中欧最大の王国として栄えた。

のべたようにボヘミア王国は、マルヒフェルトの戦いで、ハプスブルク家に敗れ、そのもとに屈したが、その後ルクセンブルク家のボヘミア王カレル一世のもとで、黄金時代を迎えた（地図参照）。彼の時代一三四八年には首都プラハに、中欧では初の大学が開かれた。ウィーン大学設立よりも一七年前のことである。彼は一三五五年カレル四世として神聖ローマ皇帝の帝冠を手にした。

一五世紀に入って、ボヘミアでは、プラハ大学学長のヤン・フスによる宗教改革運動が始まる。それは同時にチェコ人の民族運動でもあった。フスは一四一五年、ローマ法王から異端者とされ、火あぶりの刑に処せられるが、フス運動は広がる一方であった。一四一九年、多数の市民がプラハ市役所に押しかけ、カトリックの市長らを窓から投げ出すという事件が起きる。一七年にわたるフス戦争の始まりであった。しかしフス戦争後、ボヘミアからはカレル時代の栄光は失われていた。

一方ハンガリーは、九世紀アジア系のマジャール人によって建国されたが、一四世紀のラヨシュ一世時代には、北はバルト海、東は黒海、西はアドリア海にいたる広大な地域を支配した（地図参照）。しかもハンガリーは、ボヘミアとちがって、神聖ローマ帝国には属さない独立の王国であった。

しかし、一四九〇年マーチャーシュ・コル

ルドルフ２世　アウグスブルクの宗教和議の結果、新教の勢力は強まる一方となり、ハプスブルク家にとって信仰政策の確立が急務となってきた。だがルドルフは、政務をよそに、美術品蒐集、占星術、錬金術に没頭していた。

マーチャーシュ・コルヴィヌス王　中世ハンガリーの名君。彼のもとで学問・芸術は黄金時代を迎えた。1485年ハプスブルク家のフリードリヒ３世と戦ってウィーンに入城、自らが没する90年までこの都を占領した。

ヴィヌスが死去して王国の最盛期が去ると、オスマン・トルコがこの国を脅かしはじめる。一四五三年のコンスタンティノープル陥落をもって、全バルカンをその手中におさめたあと、オスマン・トルコの次の目標はハンガリーであった。ハンガリー王は当時ボヘミア王をも兼ねていた。一五二六年モハーチでの歴史的な決戦で、ハンガリーは大敗する。

　この戦いでラヨシュ二世が落命したため、両国の王冠がハプスブルク家に渡ったことはすでにのべた。だがハプスブルクはハンガリーを引き継いだとはいうものの、その領域は、事実上大部分がトルコの支配下にあったのである。

三〇年戦争

　最初の試練、三〇年戦争はボヘミアで始まった。

　さきにカール五世時代、アウクスブルクの宗教和議では、諸侯に信仰の自由が認められたが、その後スペイン系ハプスブルク家は、徹底した異端弾圧政策によってカトリックを擁護した。

　これに対してオーストリア系では、当初はきわめて寛容な態度でのぞんでいた。一五五六年、兄のカール五世の退位をうけて、神聖ローマ皇帝となったフェルディナント一世は、

フェルディナント２世　30年戦争で、反プロテスタント陣営で指導的役割を果たしたハプスブルク皇帝。彼はインゴルシュタットのイェズイット大学で学び、筋がね入りのカトリック主義者であった。

プラハ城放り投げ事件　1618年５月ボヘミアの新教徒は、２人の皇帝代官を城の窓から放り投げた。200年前のフス戦争を思い出させるこの事件は、新教徒決起へのシグナルとなった。30年戦争の始まりである。

プラハでの新教徒処刑 1621年6月プラハで、反乱の首謀者27人に対して、斬首刑が執行された。ボヘミアの新教貴族は土地を没収され、多数のプロテスタントが国を追われ、あるいは国外へ亡命した。

戦火のマグデブルク 商業で栄えた北ドイツのプロテスタントの町マグデブルクは、1631年5月カトリック軍によって攻撃され、激しい戦闘のすえ灰燼に帰せられた。住民3万のうち2万人が命を失ったという。

ワレンシュタイン　ハプスブルク皇帝フェルディナント２世から信頼され、30年戦争で活躍した武将。リュッツェンでスウェーデン王アドルフを破るなど功績をあげたが、皇帝の不信を招き1634年に殺害された。

グスタフ２世・アドルフ　1630年７月スウェーデン王グスタフ２世・アドルフは、ドイツのプロテスタント諸侯を救援するため、ドイツへ侵入した。しかし1632年11月リュッツェンの戦いで戦死をとげた。

新旧両教の間にあって柔軟な立場をとった。彼の息子マクシミリアン二世は、むしろプロテスタントに近かった。

　彼の後を継いだルドルフ二世は、マドリードで教育をうけたが、新旧両教からは等しく距離を置いた。しかし彼は、ウィーンからプラハに都を移し、あげくのはてはフラチャニー城に逃避して、錬金術や占星術や美術品蒐集に没頭するという奇人であった。野心家の弟マティアスは、一六一一年プラハに軍を進めて、兄からボヘミア王位を奪う。

　こうした混乱の中で、帝国内における新旧両教の対立は悪化する。一六〇八年にはプロテスタント諸侯が「ウニオン」(連合)を、翌年にはカトリック諸侯が「リーガ」(連盟)を結成した。

　こうして、新旧両教の間で緊張が高まりつつあった矢先、一六一八年、プラハのフラチャニー城で、二人の皇帝代官らが、窓から放り投げられるという事件が起きた。二〇〇年前のフス戦争の時さながらに、この事件を発端として、ボヘミアから三〇年戦争が始まった。

　マティアスの後を継いだ戦闘的なカトリック教徒フェルディナント二世のもとに、「リーガ」とイタリア、スペイン、ローマ法王の救援軍が結集した。そして一六二〇年、プラハ郊外の「白山の戦い」で、プロテスタント軍

絞首刑の樹　1635年フランスが、ハプスブルクの同盟国スペインに宣戦布告することによって、惨禍はさらに拡大した。フランスはカトリックでありながら、プロテスタントのスウェーデンと同盟して戦った。

に壊滅的な打撃を与えた。翌年プラハの市役所広場では、反乱の首謀者二七人に対して斬首刑が行われた。三万六〇〇〇家族のボヘミア人が、カトリックへの改宗を拒否して国外へと去っていった。

戦いはさらにエスカレートして第二の段階にはいる。スウェーデン、スペイン、フランスなど欧州諸国が介入し、紛争は国際的な規模へと拡大し長期化していった。しかも戦いは、もはや信仰のための宗教戦争ではなく、利害が優先する露骨な政治戦争へと変わっていく。ことに、フランスのブルボン家は、ハプスブルク家から、欧州政治の主導権を奪うことに全力を傾けた。

略奪と荒廃　30年戦争は、最終の段階に入ると、盗賊まがいの私兵軍の横行をみるにいたった。彼らは略奪・暴行・放火をほしいままにし、人里は荒れるにまかされた。しかもペストの流行がこれに追い打ちをかけた。

ブルボン家はカトリックでありながら、プロテスタントの強国スウェーデンと結ぶこともいとわなかった。スウェーデン国王グスタフ二世・アドルフは、自ら兵を率いてドイツに侵入して南下をつづけ、カトリックの都ミュンヘンを下す。彼はさらにきびすを返して北上するが、一六三二年、ライプツィヒ近郊リュッツェンで、皇帝側のワレンシュタインの私兵軍と激戦を交え戦死をとげた。このあとフランスの参戦で戦いの帰趨は決まった。

形骸化する「帝国」

三〇年にわたった戦いの結果、ことに主戦場となったドイツとボヘミアは荒廃した。人口の四分の一にあたる四〇〇万ないし五〇〇万が命を失ったといわれる。その惨状は当時の記録にも生々しい。

「十里歩いても人っ子ひとり、家畜一頭、雀一羽にすら出くわさない。……すべての村で、家々が死体と腐肉で満ちており、男、女、子供、雇い人、馬、豚、牛が、並び重なりあって、飢えとペストで死に、うじ虫でいっぱいだ。そして、もう屍を埋葬して悲しみの涙を流す人もいないため、狼や犬やからすに食い荒らされるにまかされている。ドイツは、恥辱、悲惨、貧困、そして心痛のただ中にある。この戦いで無実のまま虐殺された幾百万の気の毒な若い人々は、夜となく昼となく、神の復讐を願い叫んでいる。……」

難航をかさねた欧州史上初の平和会議の結果、一六四八年、ヴェストファーレン（ウェストファリア）のミュンスターとオスナブリュックで講和条約が結ばれた。

条約では、さきのアウグスブルクの宗教和議が確認され、これまで除外されていたカルヴァン派をふくむ新旧両教の信仰の自由が認められた。フランスはエルザス（アルザス）を獲得した。スペインに反旗をひるがえしていたネーデルラントの北部（オランダ）の独立が正式に承認された。オランダの独立は、史上初のブルジョワ革命でもあった。

この条約のもっとも重要な結果は、これによって神聖ローマ帝国が有名無実化したことである。帝国内の諸侯（領邦君主）には、完全な信仰の自由が保証され、それとともに彼らの主権はいちじるしく強化された。彼らは、外交主権を認められ、諸外国と自由に条約を結ぶことができるようになった。その一方で、神聖ローマ皇帝を世襲してきたハプスブルク家の帝国での権力は、いちじるしく弱められ、まったく形式的ないしは儀礼的なものにすぎ

ウェストファリア条約　1648年５月ミュンスター市役所でウェストファリア講和条約が締結され、30年にわたった戦乱に終止符が打たれた。しかしこの戦争の結果、ハプスブルク皇帝の権力は著しく弱体化した。

なくなった。

こうした状況のもとで、カトリックのヴィッテルスバッハ家のバイエルンが、有力な領邦国家として頭角をあらわし、ハプスブルク家と競いあうライバルとなっていく。一方ホーエンツォレルン家のプロテスタントの領邦国家のブランデンブルクは、一七〇一年には独立してプロイセン王国を樹立する。このプロイセンがやがて欧州の強国の地位を獲得し、ハプスブルクを脅かすにいたることは後にのべるとおりである。

当時イギリスやフランスは、強大な王権のもとに中央集権制確立への過程にあった。そうしたなかで、神聖ローマ帝国は、逆に分権化、弱体化の方向をたどっていった。

神聖ローマ帝国は、一八〇六年、ナポレオンによって解体されるが、それをまつまでもなく、帝国はすでに事実上形骸化したのであった。

トルコ軍、ウィーンを包囲

以上のようにして三〇年戦争後ハプスブルク家は、神聖ローマ帝国、ことに帝国内の新教諸侯に対する支配力を失った。しかし他方でハプスブルク家は、自らが支配するオーストリアとボヘミアとハンガリーでは、反宗教改革（プロテスタント抑圧）に成功し、カトリ

トルコ軍第２次ウィーン包囲　1529年スレイマン大帝によるウィーン攻略が失敗したあと、1683年トルコ軍は再度ウィーンを包囲した。城外には20万のトルコの大軍。ウィーン市民は食糧もつきて、恐怖におののいた。

イェニチェリ　「新しい軍」を意味するトルコ語。オスマン・トルコ軍の精鋭。14世紀にムラト１世によって創設された。バルカンなどの支配地域から児童を強制徴集し、本国でエリート教育を施して軍の中核とした。

スレイマン壮麗王（大帝）　オスマン・トルコ第10代目のスルタン。彼の時代トルコ帝国は最盛期を迎え、その政治的影響力はヨーロッパにも及んだ。彼のもとではまた、芸術や建築などオスマン文化の興隆をみた。

オスマン・トルコの勢力拡大

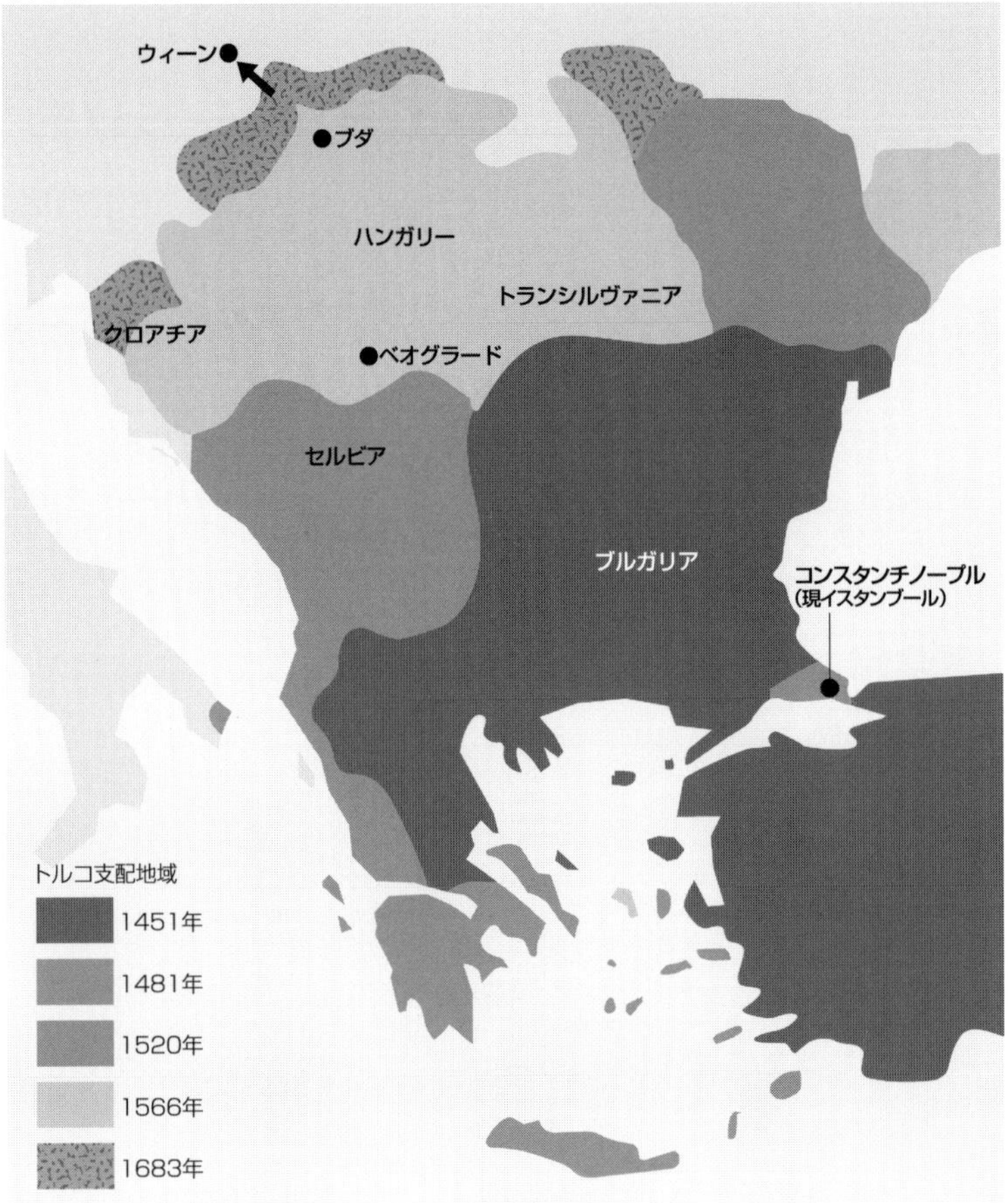

オスマン・トルコの勢力拡大
オスマン・トルコは、1354年バルカン半島に上陸していらい、バルカン諸民族を征服しつつ勢力を拡大した。北上する彼らは、16世紀と17世紀の2回にわたりウィーンを包囲した。

ックによる一体性を強化することによって、ドナウ帝国確立への地盤をかためた。

だがハプスブルク家はまもなく新たな脅威に直面させられる。オスマン・トルコによるウィーン第二次攻略である〔地図参照〕。

ウィーンは、これよりまえ一五二九年にも、スレイマン壮麗王（大帝）の率いるトルコ軍によって包囲されている。イェニチェリと呼ばれる精鋭で固められたトルコ軍は、当時バルカン全土を制圧し、その鋒先《ほこさき》をウィーンに向けてきたのである。だが早い冬の到来と、補給難から攻略は失敗した。

それからおよそ一五〇年がたった。イスタンブールを首都とし、アジア、アフリカ、ヨーロッパの三大大陸にまたがるこの大帝国も、スレイマンのもとでの最盛期をすぎ、衰退の兆しがみえはじめていた。オスマン・トルコは、再度ウィーンに挑戦することによって、勢力挽回を企てたのである。彼らにとって、まさに国運をかけた戦いであった。

「黄金のリンゴの都」とトルコ人が渇望したウィーンは、一六八三年九月、大宰相カラ・ムスタファの率いる二〇万を超える大軍に包囲された。皇帝レオポルト一世は、宮廷とともに、ウィーンからパッサウに難をさけた。トルコ軍の砲撃は日ましに強まり、食糧は底をついて、市民は恐怖におののきはじめる。ウィーンのシンボル、シュテファン大寺院めがけて、トルコ軍が砲弾を打ち込んでくる。防戦にあたっているのは四〇〇〇人の男たちだけであった。

この陥落寸前の都に救援にかけつけたのが、ポーランド王ソビエスキの指揮するキリスト教連合軍である。七万の連合軍は、ウィーンの森、カーレンベルクの丘を駆け下りて、ト

ソビエスキ王　王の率いるポーランド軍は、1683年9月12日、ウィーンを包囲するカラ・ムスタファのトルコ軍を撃破した。現地カーレンベルクの丘の教会では、今日もポーランド語で王のためのミサが行われる。

カラ・ムスタファ　トルコの大宰相。ハンガリー北部を征服したあと、1683年にウィーンを再度包囲したが失敗し、この年の12月、スルタン・メフメット4世の命によりベオグラードで処刑された。

ルコ軍を急襲した。カトリックの牙城ウィーンは、辛うじて異教徒の馬蹄から救われたのであった。

余談ながら、このトルコ軍によるウィーン包囲戦いらい、有名なコーヒー伝説が語り継がれてきた。

もともとウィーンは、コーヒーなるものを知らなかった。トルコ軍撤退のあと大量の緑色の豆が残されていた。人々はラクダの餌と思っていたが、トルコ語を能くし戦いで間諜をつとめたコルシッキーなる男は、それがトルコ人の賞味するコーヒーであることを知っていた。トルコ軍撤退のあと、彼はこの「ラクダの餌」をもらいうけ、コーヒー店を開いて大当たりした。――これがウィーン名物のカフェの由来だというのである。

ところが最近の研究によると、これは伝説にすぎないらしい。一六八五年、ヨハンネス・ディオダトというアルメニア人が、レオポルト一世の特許をえて開いたのが、ウィーンのカフェ第一号だという。

スペイン系の消滅

オーストリア系のハプスブルク家は、以上のようにして二つの危機を克服し、新たな飛躍に向かう。しかし、一方のスペイン系ハプスブルク家のほうは、「無敵艦隊」の壊滅いら

カルロス2世　フェリーペ４世の息子で、スペイン系ハプスブルク最後の王。彼は精神を病んでいたため、国政は摂政によって行われた。世継ぎのなかった彼が没すると、後継王位を争ってスペイン継承戦争が起きた。

フェリーペ5世　仏ブルボン家ルイ14世の孫。スペイン最後の王カルロス２世の没後、彼が王位につくと、スペイン継承戦争が勃発する。ユトレヒト条約により、王位は承認され、スペイン王朝はブルボン家に引き継がれた。

い、国力は下降の一途をたどっていた。そして一七〇〇年カルロス二世の死去によって後継者が絶え、彼の遺言に従ってブルボン家のルイ一四世の孫がフェリーペ五世として即位すると、翌年スペイン継承戦争が勃発した。

この紛争もまた、主役はブルボンとハプスブルクの歴史的ライバルであった。ハプスブルクのヨーゼフ一世は、弟のカールを世継ぎに立てて争った。双方とも、新大陸にまでおよぶ広大なスペイン領の獲得を狙っていた。ハプスブルクは、海上植民勢力のイギリス、オランダと結び、紛争は欧州全体を巻きこむ戦争へと発展する。一二年にわたった戦争の結果、ユトレヒト、ラスタット両条約によって、フェリーペの王位が承認された。

同時にスペインの領土は分割され、フェリーペは、スペインとアメリカ大陸の植民地を継承した。ハプスブルクは、ミラノ公国とナポリ王国、それにネーデルラントの南部（後のベルギー）を獲得することになった。

しかしオーストリア系ハプスブルク家からすれば、スペイン系の王位も所領も、本来親戚関係——両系のあいだでは分裂後も近親結婚がつづけられていた——の自家に帰すべきものであった。かつてのスペインの栄光にあこがれ、スペイン王を夢みていたハプスブルクのカール六世は、一七二〇年までフェリーペ五世を王として認めることを拒みつづけた。

4 花開くバロック

シェーンブルン宮殿の大広間　30年戦争が終結し、オスマン・トルコの脅威が去ったあと、帝国では絢爛・華麗な文化の花が開く。バロック様式の宮殿や教会は、まさに不安と恐怖から解放された時代精神の象徴であった。

オイゲン公

オスマン・トルコによるウィーン攻略を巻き返したあと、ハプスブルク帝国は国力の上昇期に入るが、そのかげには一人の非凡な人物の活躍があった。オイゲン公(一六六三〜一七三六)である。彼はフランスのサヴォワ家出身の貴族であった。ルイ一四世(太陽王)のもとで志をえなかった彼は、皮肉にも、ブルボンと犬猿の仲のハプスブルク宮廷でレオポルト一世に仕えることになった。

彼は仕官そうそう、その天才的な能力を発揮するチャンスに恵まれた。ウィーン防衛戦で実力をしめした彼は、トルコ軍をさらにハンガリーから駆逐する重大な任務を委ねられる。オイゲンは、ほぼ一五〇年間トルコの支配下にあった都ブダ(現ブダペスト)を解放し、センタ(現セルビア領内)の合戦で大勝利をおさめ、一六九九年のカルロヴィッツ条約で、ハンガリーの広大なトルコ領を返還させることに成功した。彼はさらに南進し、一七一七年にはベオグラード(現セルビアの首都)を征服した。ベオグラードはトルコ人に「聖戦の家」と呼ばれ、バルカンににらみをきかす重要な戦略拠点となっていた。

対トルコ戦だけではなかった。フランスを敵にまわしたさきのスペイン継承戦争でも、オイゲン公の活躍はめざましく、王冠はハプスブルクのカール大公(後の六世)に帰するかにみえた。しかし兄ヨーゼフ一世の急逝が戦局を逆転させた。カールが皇帝とスペイン王を兼ね、かつての世界帝国が再現されることをおそれた同盟国のイギリスが、戦争から離脱したのである。そしてオイゲン公の戦功もむなしく、すでにみたように、スペイン王家

オイゲン公　フランス貴族に生まれ軍人を志したが、ルイ14世に冷遇され、20歳の時からオーストリアのレオポルト1世に仕えた。対トルコ戦では、ウィーン防衛で活躍したあとハンガリーからトルコ軍を駆逐した。

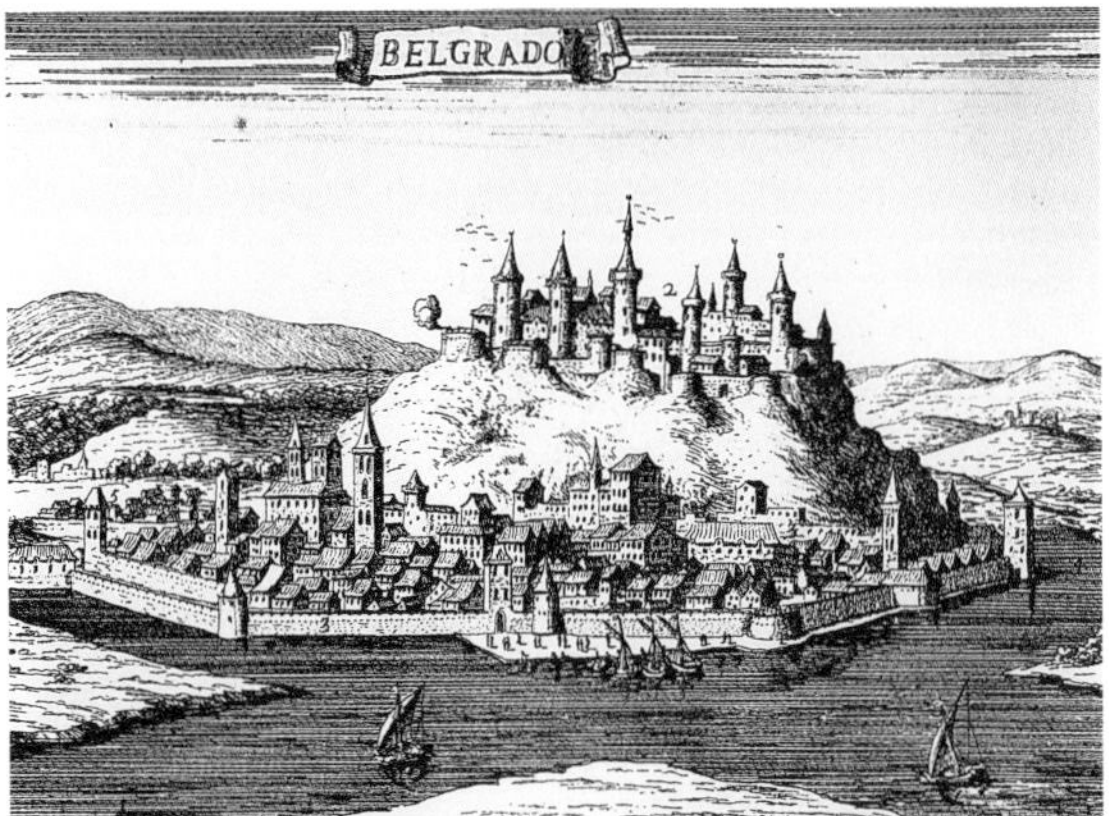

18世紀初めのベオグラード　オイゲン公はさらに1717年、7万の兵を率いて、トルコ軍15万がたてこもるベオグラードを占領した。当時この町は、バルカン半島ににらみをきかすトルコ軍の重要拠点であった。

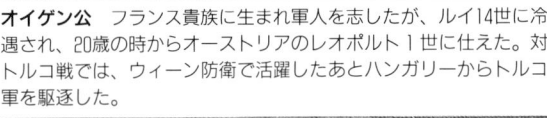

は、フランスのブルボン家によって引き継がれることになったのである。

ついでながら、ハプスブルク家は、スペイン継承戦争だけでなく、このあとのポーランド継承戦争（一七三三〜三八）でも、ブルボン家と争った。その結果、ナポリ王国はブルボンに渡り、その代わりにパルマとピアツェンツァ両公国はハプスブルクに帰属することになった。またロートリンゲンをブルボンが獲得した代償として、ハプスブルクはトスカーナ大公国を領有することになった。カール六世は、これら二つの継承戦争と、対トルコ追撃戦の結果、イタリアとバルカンで大きく領土を拡張することになったのである（地図参照）。

しかしカールを継いだマリア・テレジアの時代には、ハプスブルク家自らが継承戦争の舞台となる。そのため王家が重大な危機に立たされることは、次章でのべる通りである。

ところでオイゲンの名は、たんに不世出の戦略家として知られていただけでない。彼は、その功績により莫大な財をなしたが、それを宮殿の建設や美術品の蒐集に費やした。ことに彼が夏の離宮として建てたウィーンのベルヴェデーレ宮殿は、彼の代表的な芸術的遺産である。バロック建築として有名なこの宮殿は、建築家J・ルカス・フォン・ヒルデブラント（一六六八〜一七四五）の傑出した才能の所産であることはいうまでもないが、オイゲンの芸術に対する並々ならぬ傾倒と眼識がなければ、その華麗な姿をみせることはなかったであろう。

ベルヴェデーレ宮殿　軍事と政治の天才オイゲン公は、また芸術を深く愛した。この宮殿は、彼の命により、巨匠ヒルデブラントが1723年に完成した。世界で最も美しいバロック建築のひとつに数えられている。

カール6世時代の領土拡張

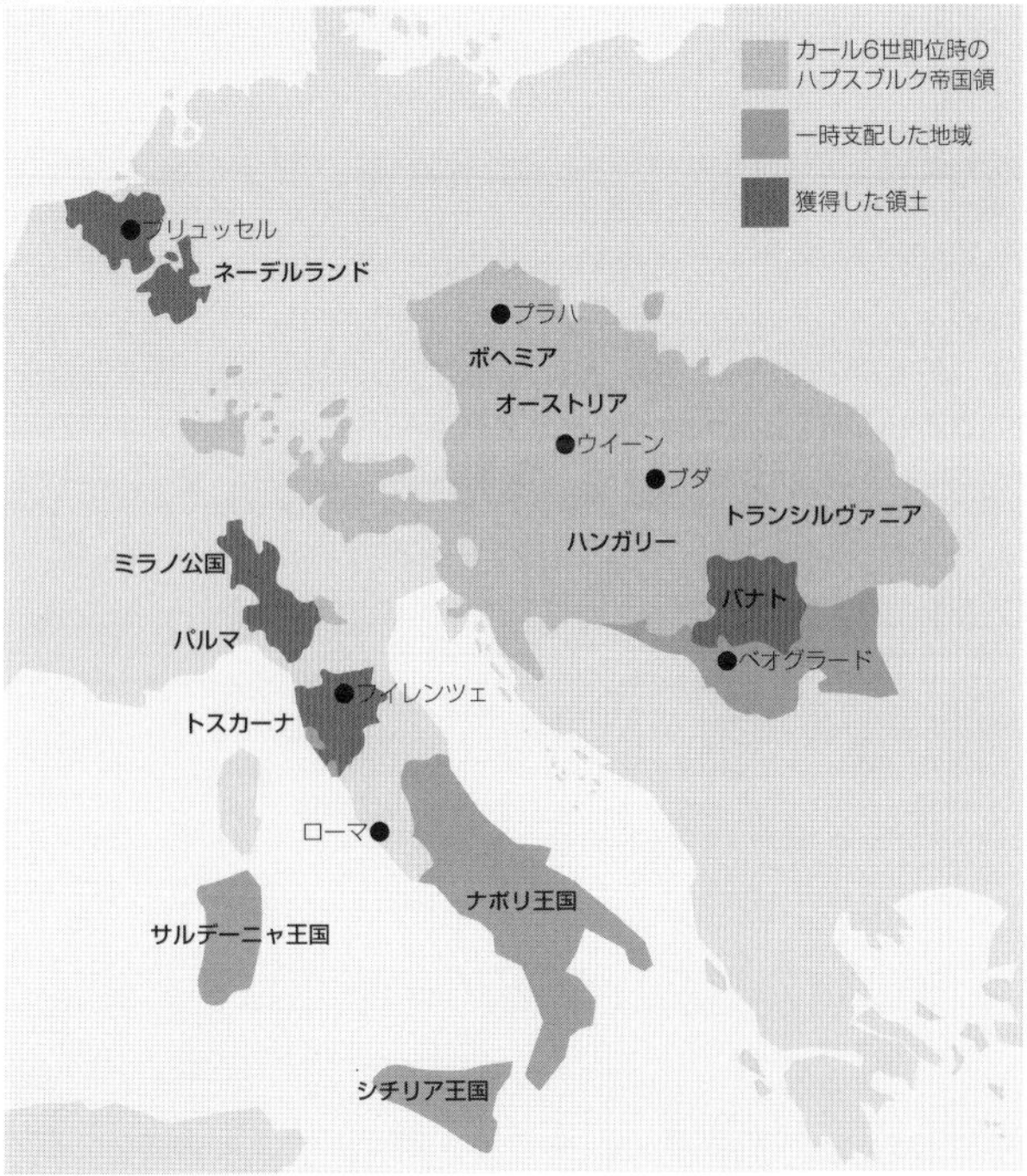

カール6世時代の領土拡大　オイゲン公は、3代のハプスブルク皇帝に仕えるが、ことにカール6世の時代には、対トルコ戦とスペイン継承戦争で活躍し、ハプスブルク帝国の領土はいちじるしく拡張された。

シェーンブルン宮殿　レオポルト１世の命により、フィッシャーによって1696年に着工され、マリア・テレジア時代の改築をへて現在にいたっている。後期バロック様式。宮殿内には1441の部屋がある。

メルク修道院　ウィーンから80キロ上流のドナウ河畔に建つ。30歳の若さで修道院長になったディートマイアーの依頼で、プランタウアーが1730年に完成した。ドナウに映るその雄姿は見事である。

カール教会　1713年のペスト流行からウィーンが救われたのを感謝して、1716年カール６世が、巨匠フィッシャーに建築を命じた。彼の死後は息子に引き継がれ1737年に完成。代表的なバロック教会建築。

オーストリア・バロック

ベルヴェデーレ宮殿にかぎらず、この時代ハプスブルク帝国では、バロック様式の建築と彫刻・絵画が一世を風靡した。カール教会、シェーンブルン宮殿、メルク修道院、クロスターノイブルク修道院など、その代表的なものである。バロックは、今日もオーストリアのみならず、チェコ、ハンガリーなど旧帝国領各地に貴重な遺産を残している。

これらのバロック建築に共通する特徴は、見るものをして圧倒させずにはおかない豪華な装飾、そして建物全体からくる溢れんばかりの躍動感である。光り輝く大理石の彫像や柱像。花や貝がらや、渦巻き模様の彫刻やレリーフが心を奪う。天井を仰ぎみれば大広間を圧する色彩豊かなフレスコ画。壁面には巨大な鏡がはりめぐらされ、シャンデリアの輝きを幾重にも映し出す。さらにテラスの外には、幾何学的に整えられた美しい庭園がえんえんとつづく。

「バロック」とは、ポルトガル語で「形のくずれた真珠」を意味する「バロッコ」に由来する。バロックはもともと、反宗教改革の時代精神を表現する建築様式として、カトリックのイタリアで生まれた。それは、教会や宮殿の建築様式としてまず同じカトリックの南

オペラの改革者グルック　ミラノで学び、オペラ作曲家として世にでたが、作品『オルフェオとエウリディーチェ』を転機に、筋書きや台詞と音楽とが遊離していた従来のオペラを改革して、両者の統一をはかった。

ザルツブルク旧市街　イタリアで興ったバロック建築は、17世紀初めザルツブルクに入ってきた。今日旧市街にある大聖堂とレジデンツを中心に、「北のローマ」と呼ばれる美しい町が誕生する。

欧にひろがっていった。この前期イタリア・バロックは、一七世紀はじめにザルツブルクに入ってくる。その影響のもとに、ザルツブルクは、「ドイツのローマ」と讃えられる美しい町へと生まれ変わっていった。

しかしハプスブルク帝国で、「オーストリア・バロック」といわれる独特の様式が誕生したのは、一六八三年ウィーンを包囲したトルコ軍を破ってからである。この歴史的な勝利が、芸術家たちの創造活動を刺激することになったのである。

オーストリア・バロックの巨匠としては、オイゲン公のベルヴェデーレ宮殿を建てたヒルデブラントのほか、J・B・フィッシャー・フォン・エルラッハ（一六五六〜一七二三）や、ヤコプ・プランタウアー（一六六〇〜一七二六）らがいた。フィッシャーは、ウィーンでシェーンブルン宮殿やカール教会（建築中に死去、息子によって完成）を、またプランタウアーは、ウィーンから遡ったドナウ河畔に、豪壮なメルク修道院を建てた。

バロックは、建築や絵画・彫刻のみならず、文学・音楽にいたるあらゆる芸術分野にひろがった。ことにバロック音楽は、オーストリアが音楽のメッカとしての地位を築くうえで、少なからぬ役割を果たした。二つの意味においてである。

一つは、この時代にオペラの登場をみたこ

とである。舞台とスペクタクルを生命とするオペラは、豪壮・華麗をむねとするバロックの風潮に迎えいれられた。一七世紀はじめにイタリアで誕生したオペラは、一六三一年にははやくもウィーンで初の上演が行われ、宮廷を中心に急速に普及した。以後オーストリアは、イタリアとならぶオペラの中心として発達していった。

いま一つは、それまでオーストリアで支配的であったイタリア音楽の優位が、バロック時代に変化しはじめたことである。それをなしとげたのは、ヨハン・ヨーゼフ・フックス（一六六〇～一七四一）であった。彼によって、はじめて独自のドイツ＝オーストリア音楽の基礎が築かれる。彼の死後さらに、クリストフ・ヴィリバルト・グルック（一七一四～八七）によって「オペラ改革」が行われた。こうしてグルックのあとハイドン、モーツァルト、ベートーヴェンが活躍するウィーン音楽の黄金時代が到来する。グルックは、バロック音楽から、クラシック音楽への橋渡しをしたのであった。

W・A・モーツァルト　建築や絵画で、依然としてバロックの花が咲きつづけていた一方で、音楽の分野では新しい流れが起きてきた。ハイドン、モーツァルト、ベートーヴェンのクラシック時代の幕開けである。

バロックとハプスブルク

バロック芸術の開花は、ハプスブルク家が、パトロンとしてまた愛好者として、その発展を支えたばかりでなく、王家自身がその才に恵まれた皇帝を輩出したという意味で、ハプスブルク家の存在をおいては考えられない。

それらの皇帝とは、三〇年戦争末期に帝位についたフェルディナント三世から、レオポルト一世、ヨーゼフ一世、カール六世とつづく四代の皇帝である。なかでもレオポルトは、アリアや歌曲、教会音楽、バレエ、音楽劇など多数、自ら作曲し、その中には今日なお演奏されているものもある。またカールも、すぐれた作曲家であっただけでなく、ヴァイオリンの天才であった。彼のもとで、オーストリア・バロックは最盛期にいたるが、そのシンボルは、彼がウィーンに建てさせたカール教会であった。

だがバロックとハプスブルクとの本質的なつながりは、もっと深いところにある。

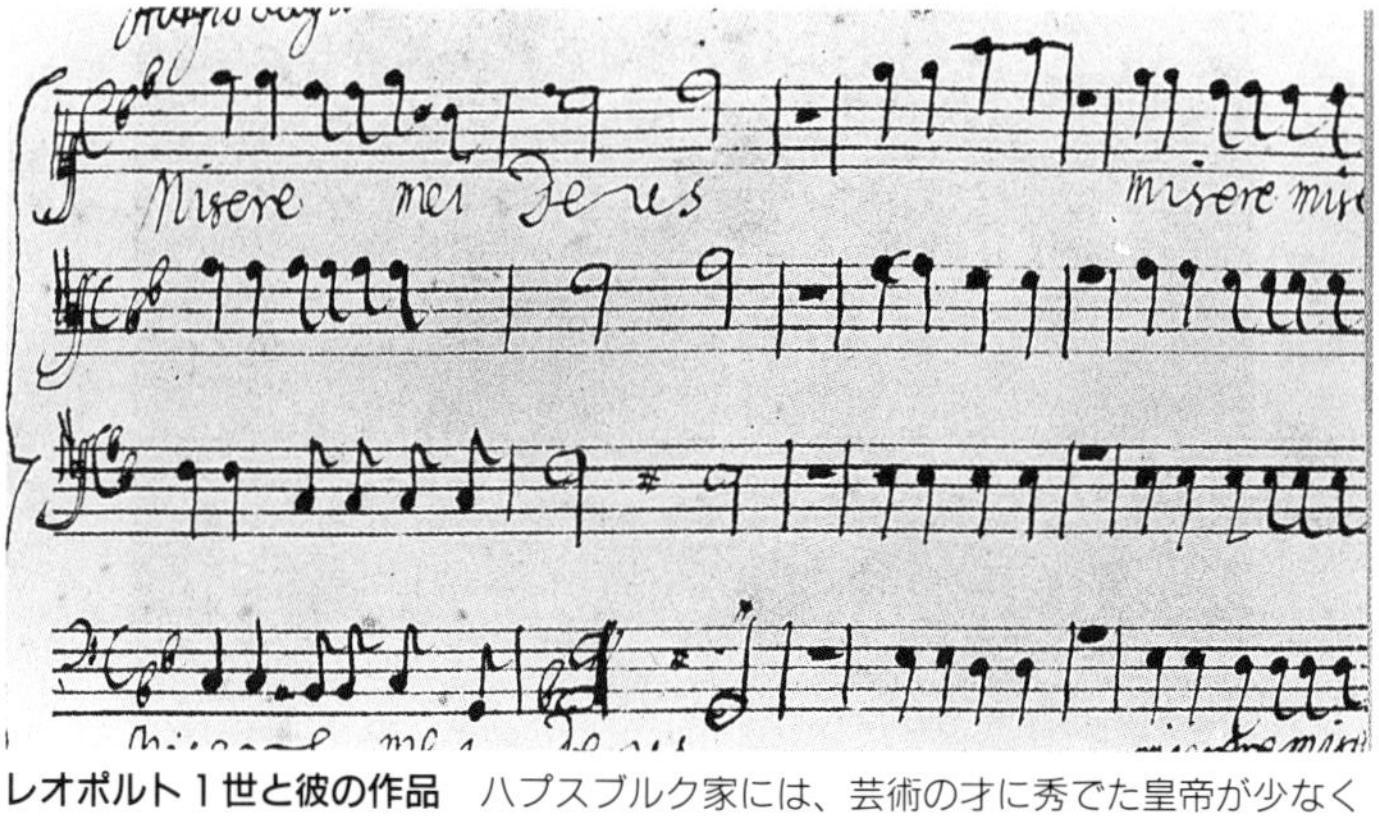

レオポルト１世と彼の作品　ハプスブルク家には、芸術の才に秀でた皇帝が少なくなかった。レオポルトは、オペレッタを自作自演したばかりでなく、多くのアリア、教会音楽、バレエなどを作曲した。

マルガリータ・テレサ　スペイン王フェリーペ４世の娘。幼くしてハプスブルク家のレオポルト１世と婚約させられ、15歳で彼と結婚した。この絵はベラスケスの傑作の１つで、彼女が８歳のときに描かれたもの。

　バロックが基本的には、反宗教改革の時代精神の表現であることはすでにのべた通りである。だがオーストリアでは、この時代精神をさらに高揚させる独自の状況が存在していた。ハプスブルク家は、三〇年戦争でプロテスタントに勝利をおさめたあと、さらにウィーン攻防戦でオスマン・トルコを敗退せしめた。こうして彼らは、カトリックを守り通しただけでなく、欧州のキリスト教世界を異教徒から救ったのである。しかも一七世紀後半に猛威をふるったペストの脅威も去った。これは、代々カトリックの加護を信じてきたハプスブルク家に、絶大な自信を与えるものであった。

　光り輝くバロック芸術は、そうしたハプスブルク家の自負を誇示するとともに、カトリックの権威をさらに高めるために、きわめて重要な役割をになっていたのである。その意味では、オーストリア・バロックは、ハプスブルク家の支配をより安泰なものにするという現実的な要請にもかなうものであった。バロックのこうした側面は、壁画やフレスコ画をみれば明らかである。そこには時として天使や聖人とともに、神格化されたハプスブルク皇帝の肖像が描かれているのをみることができる。

　さてバロック時代にウィーンは大きく変化した。トルコの脅威が去ったため、ウィーンは、市を囲んでいた城壁をこえて郊外へ発展していった。王侯・貴族の宮殿が、郊外にあいついで建ちはじめたのもこの頃である。同時にウィーンは、ヨーロッパ各地から、芸術家や職人、知識人や学者を引きつける魅力ある都となった。こうしてウィーンは、それまでの辺境の町から、大帝国の首都にふさわしく、ヨーロッパの国際都市へと変貌していくのであった。

ウィーンのペスト柱　17世紀後半ウィーンではペストが流行して、10万人以上の犠牲者を出した。レオポルト１世は、これを悼んで1703年、ウィーン旧市街のグラーベンに記念碑を建てた。

カール６世　スペイン継承戦争で、彼はスペイン王位を狙っていたが、兄ヨーゼフ１世の急逝で、皇帝を継ぐことになった。彼が夢みたスペイン王位は、継承戦争の結果、仏ルイ14世の孫フェリーペ５世に帰した。

バロック時代のウィーン　ベルヴェデーレ宮殿から旧市街をのぞむ。シュテファン大寺院や背景のウィーンの森の見える景色は、今日とさほど変わらない。ヴェネツィアの画家ベルナルド・ベロット作。

5 マリア・テレジアの時代

マリア・テレジアと家族　彼女は16人の子供をもうけた。ここには9人の子供が描かれている。子沢山は、子供好きの彼女に幸せをもたらしたが、同時に王家の繁栄をはかるという彼女の政治的な期待にもこたえるものであった。

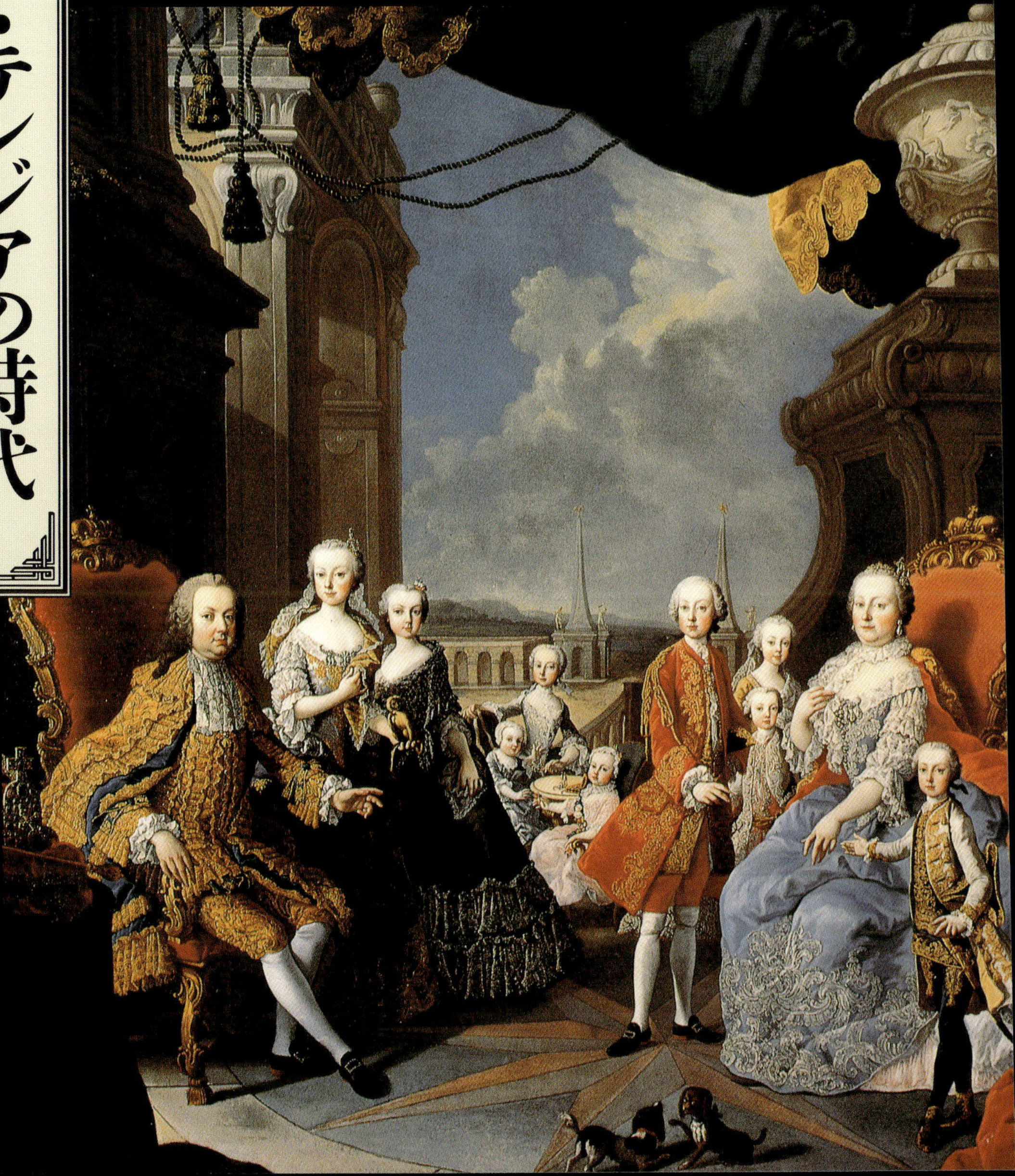

王家廃絶の危機

史上最大の領土拡張を行い、最盛期のオーストリア・バロックの象徴でもあった皇帝カール六世は、深刻な問題をかかえていた。彼には、長女マリア・テレジアのほか一人の娘がいたが、男子の世継ぎには恵まれなかった。スペイン系ハプスブルク家が、継承問題から戦争にまきこまれ、消滅の悲運を迎えたことは、すでにのべた通りである。このためカールは、一七一三年に『国事詔書』を発布し、女系にも相続権を拡大することを明らかにした。しかし、バイエルン、プロイセン、ザクセンのドイツ諸侯国は、これを認めなかった。

一七四〇年、カール六世が死去、マリア・テレジアが、二三歳でハプスブルク家を相続することになった。彼女はその四年前に、ロートリンゲン・トスカーナ大公のフランツ・シュテファンと結婚していた。

当然のことながら、マリア・テレジアの相続に反対する勢力が結集する。ハプスブルク家の歴史的なライバルであるフランスは、バイエルン、プロイセン、ザクセンと語らい、ハプスブルク帝国の分割を画策する。

分割案の内容は、家領のオーストリアを、皇帝の地位とともに、ヴィッテルスバッハ家のバイエルンに帰属させる。シュレージエン

若き日のマリア・テレジア　父親のカール6世は、2人の娘がいたが、男子の世継ぎには恵まれず、長女のマリア・テレジアが、ハプスブルク家を担うことになった。この絵は10歳のころのマリア・テレジア。

夫フランツ1世・シュテファン　マリア・テレジアは19歳の時、ロートリンゲン家から彼を婿に迎えた。彼は事業の才に秀で投資で財をなした。その莫大な遺産は、国庫の赤字補填に大いに役立った。

オーストリア継承戦争　マリア・テレジアが即位すると、女性後継者を認めないプロイセンは、シュレージエンに侵入、オーストリア継承戦争が勃発した。一時奪われた帝冠は復帰したが、シュレージエンは戻らなかった。

プロイセンのフリードリヒ2世(大王)　「シュレージエン泥棒」とマリア・テレジアが憎んだライバル。彼は、建国まもない小国プロイセンを一躍欧州の強国とした。学問・芸術を愛した啓蒙君主としても知られる。

（現ポーランドの南西部。当時ハプスブルク家の支配下）はプロイセンに、ベルギーはフランスに併合する。そして、ハプスブルク帝国でもっとも政情不安定なハンガリーだけを、マリア・テレジアに引き継がせる、というものであった。こうした状況の中で、フランスと海外植民地で競争関係にあったイギリスは、逆にハプスブルク側に立った。

さて一七四〇年、マリア・テレジアが家督を相続すると、プロイセンのフリードリヒ二世はその年の暮、突如シュレージエンに侵入する。「オーストリア継承戦争」の勃発である。国土の大部分が寒冷・不毛のプロイセンにとって、石炭や鉄鉱石が豊富なうえ、肥沃な農業地帯であるシュレージエンは、垂涎の的であった（地図参照）。

一方バイエルンも、一七四一年の夏から兵を進め、年が明けると、カール・アルブレヒト選帝侯が、カール七世アルブレヒトとして神聖ローマ皇帝の位についた。だが、ハプスブルク家はイギリスの支援をえて反撃に出る。カール自身も三年後に突然他界する。

こうして幸いにも、帝冠は、ふたたびハプスブルク家にもどった。一四五二年から、神聖ローマ帝国が消滅する一八〇六年まで、帝冠がハプスブルク家から他へ渡ったのは、この三年間だけであった。

オーストリア継承戦争は七年間つづいた。マリア・テレジアは、その間一七四一年にハンガリー王、四三年にはボヘミア王への戴冠を行った。一七四五年には、彼女の夫フランツ・シュテファンが、フランツ一世・シュテファンとして皇帝に選ばれた。皇帝の権限は事実上マリア・テレジアが行使したため、一般に「女帝」マリア・テレジアといわれるが、彼女は公式には女帝ではなく、皇帝妃であったのである。

躍進するプロイセン

オーストリア継承戦争が終わっても、プロイセンが奪ったシュレージエンは、ついにハプスブルク家にはもどらなかった。新興国のプロイセンはいまや、中央ヨーロッパにおいて、ハプスブルク帝国を急速に追い上げてくる。

これまでハプスブルク家を悩ませてきたブルボン家との敵対関係は、あとでのべるように、マリア・テレジアの時代に終止符をうつ。それに代わって、新たにプロイセンが強力なライバルとして登場する。両者の欧州政治における激しい覇権争いは、一九世紀後半までつづき、最終的にはプロイセンが勝利をおさめるのである。

プロイセン王国は、一七〇一年ドイツのホーエンツォレルン家によって樹立された。ハ

プロイセンの膨張

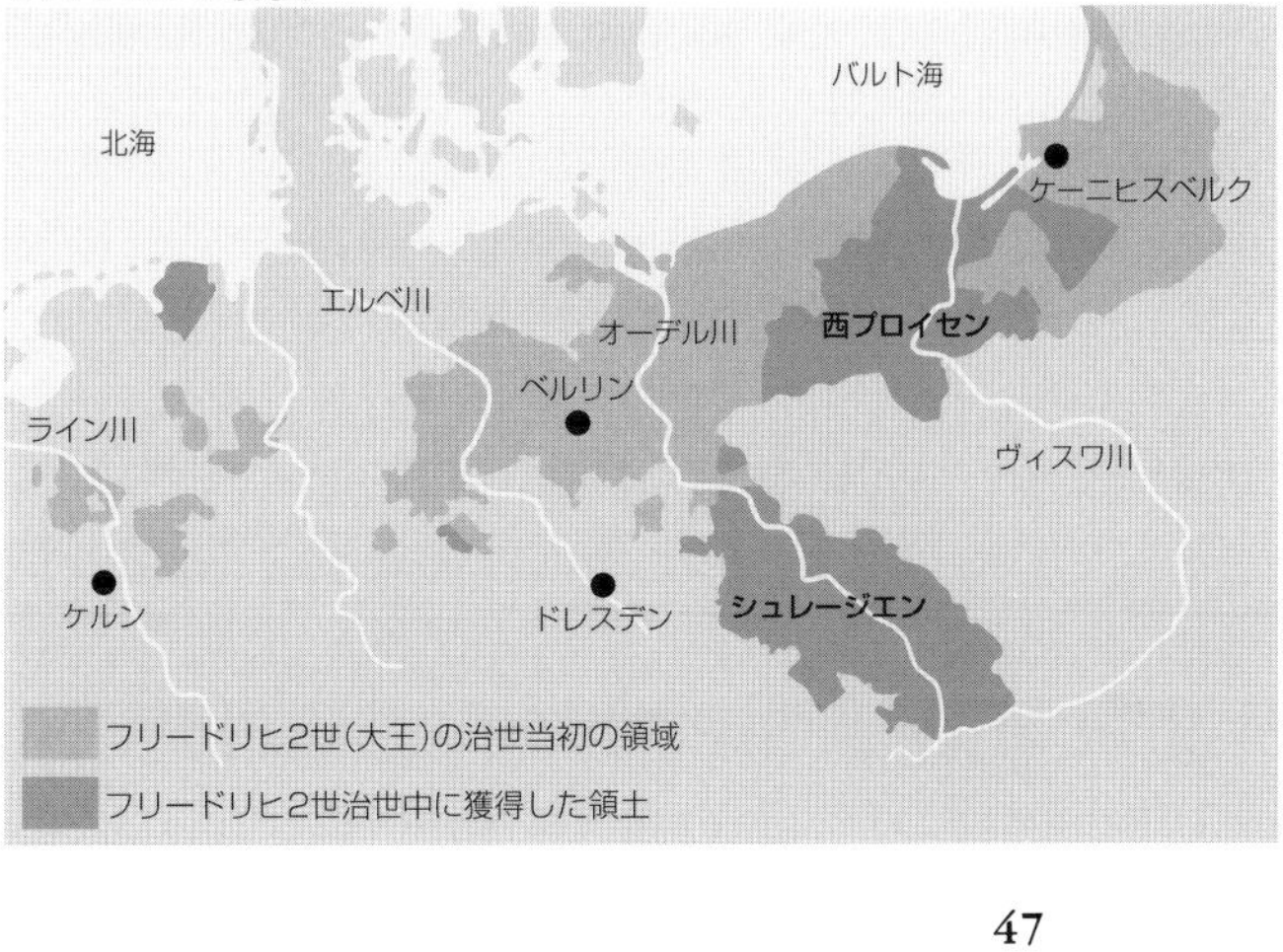

プロイセンの膨張　1701年誕生したプロイセンは、不毛な国土や、乏しい天然資源にもかかわらず、能率的な軍隊と官僚に支えられて急速に発展する。フリードリヒ大王時代に国土を倍近くに広げた。

プスブルク帝国よりはるかに若い国である。もともと、ハプスブルク家とおなじ辺境の領主(辺境伯)ブランデンブルク家から興った国である。誕生後日の浅いプロイセンは、なぜかくも急速にハプスブルクを脅かす強国へと成長したのであろうか。その秘密はつぎの四点に要約されよう。

第一に、能率的な官僚と軍隊の存在である。地図から明らかなように、誕生した当初、プロイセンはまとまった地域を領有していたのではなく、その領土はバルト海沿いに東と西に分散していた。こうした国の弱点をおぎない、統一を強固にするために、国王は優秀な官僚と軍隊を育てたのである。

第二に、近代的な法秩序が整備されていた。プロイセンはその中に、ポーランド人、リトアニア人などの異民族を多数ふくんでいた。国民のあいだに祖国の観念がうすいため、国家の統一を、共通の民族意識でなく、整った法秩序によって維持しようとしたのである。

第三に、宗教的な寛容である。近代国家として欧州列強に伍していくためには、人口の増加、軍隊の育成、産業の振興が急務であった。そのためプロイセンは、宗教的な迫害を排除し、外国からの宗教難民を積極的にうけいれた。一七〇〇年のベルリンの人口の三分の一はフランス人であったという。これらのフランス人は、大量に流入したユグノー教徒(プロテスタント)であった。

第四に、勤勉・節約という国民性である。プロイセンの国土は、バルト海沿岸のやせ地にかたより、天然資源にも乏しかった。彼らは、これらの美徳を培いつつ、たくましく生きるすべを学んだのである。

このようなプロイセンの底力を、ハプスブルクは十分認識していなかったといえよう。それはハプスブルクだけではなかった。フリードリヒ二世が、シュレージエンに軍隊を進めたとき、彼の同盟国フランスのルイ一五世さえも「狂気の沙汰だ」と叫んだとつたえられる。

権謀術数外交の渦中で

新たなライバルはプロイセンだけではなか

サンスーシ宮殿 フリードリヒ大王が夏の離宮として、ベルリン郊外のポツダムに建てた。クノーベルスドルフの手になるロココ様式の華麗な宮殿で、1745年に完成した。サンスーシとはフランス語で憂いなしの意。

プロイセンへの宗教難民 プロイセンは、産業振興のため、労働力を必要とした。そのためプロイセンは、宗教難民を積極的に受け入れた。当時ザルツブルクからは2万人のプロテスタントが移住してきた。

ポーランド分割

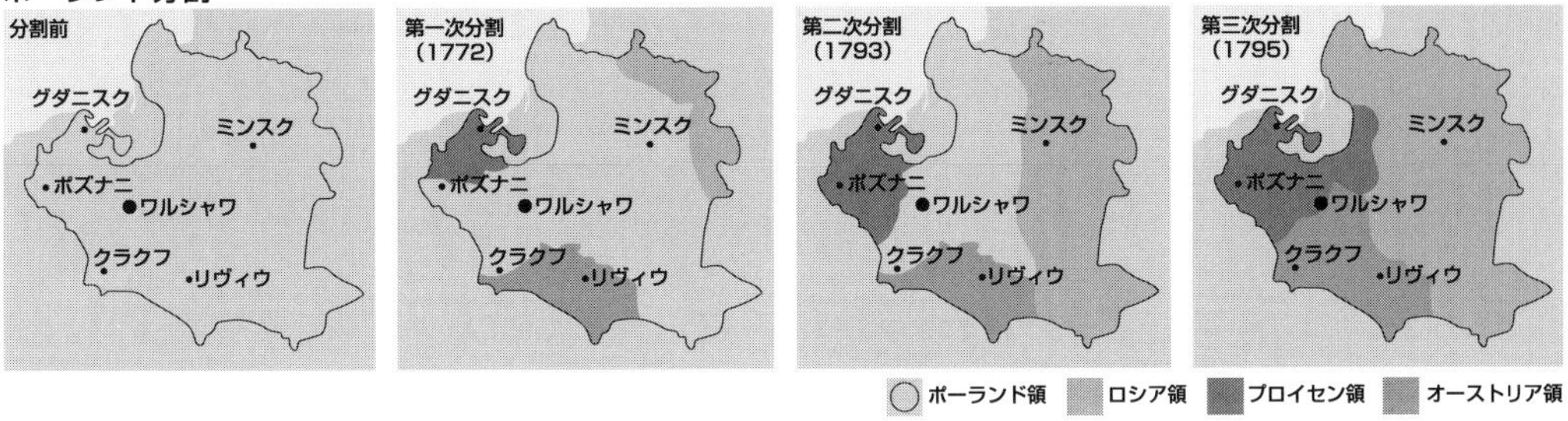

ポーランド分割　マリア・テレジアは、ロシアとプロイセンのポーランド争奪に巻きこまれ、長い間ためらったあげく1772年、分割に参加した。彼女の死後さらに２回分割が行われ、ポーランドは地図から抹殺された。

ポーランド分割を協議する帝王たち　ポーランドの地図を囲んで、左からエカチェリーナ女帝（ロシア）、スタニスワフ王（ポーランド）、ヨーゼフ２世（オーストリア）、フリードリヒ大王（プロイセン）。

った。東方ではロシアが、巨大な勢力として欧州外交の舞台に登場し、列強の勢力関係に変化を与えつつあった。一方イギリスとフランスは、海外でのはげしい植民地争奪をそのまま映して、欧州で鋭く対立するようになった。各国とも、権謀術数をつくして国益の増大をはかり、勢力均衡に全力を傾けた。マリア・テレジアは、こうしたとりわけ外交の難しい時代に、ハプスブルク帝国の舵取りをしなければならなかった。

　マリア・テレジアは、さきのオーストリア継承戦争いらい、シュレージエンをプロイセンに譲らされたことを片時も忘れなかった。彼女は、フリードリヒ二世を「シュレージエン泥棒」と呼んで憎悪し、その奪回のために日夜心を砕いていた。

　彼女には、有能な宰相のヴェンツェル・フォン・カウニッツ（一七一一〜九四）がいた。彼は「ハプスブルクが生きのびるためには、プロイセンは滅亡されねばならぬ」と豪語してはばからなかった。彼は、フランスとイギリスとの対立につけこみ、三〇〇年の宿敵フランスを、一七五六年たくみに同盟国へと逆転させる。そしてすでに同盟関係にあったロシアをくわえ、三国によるプロイセン包囲網を形成した。

　追いつめられたプロイセンは、その年ただちに反撃に出る。「七年戦争」の始まりであった。戦況はオーストリアに有利に展開した。ベルリンは、オーストリアとロシアの軍隊によって占領された。プロイセンの運命は決まったかに見えた。

　だが事態は意外な展開を見せる。ロシアのエリザヴェータ女帝が突然死去したのである。後継者のピョートル三世は、プロイセンのフリードリヒ二世の熱烈な崇拝者であった。ロシアは戦争から手を引く。これによってマリア・テレジアのシュレージエン奪回の夢は、最後の瞬間にはかなくも消えたのである。プロイセンの欧州強国としての地位は、いまや揺るがぬものとなった。

　マリア・テレジアは、晩年、後にしきりに悔やんだ大事件にまきこまれる。オーストリアが、ロシア、プロイセンとともに、ポーラ

ハンガリーに救護を訴えるマリア・テレジア　彼女は1840年、王家を相続するが、その年の暮れにプロイセンの侵略を受け、オーストリア継承戦争が始まった。その翌年の夏、ハンガリー王への即位式のため、当時の都ポジョニ（現在のスロヴァキアの首都ブラティスラヴァ。ドイツ語名プレスブルク）に赴いたさい、彼女は議会にのりこみハンガリー貴族に救援を求めた。もともとハンガリー貴族はハプスブルク家に反抗的であったが、長男のヨーゼフを抱き、切々と窮状を訴える若く美しい女王に心をうごかされ、軍刀を抜いて「命をかけて女王を守る」ことを誓ったという。有名なエピソードとして知られているが、ハンガリーの支援を得るにいたるのは実際にはそれほど容易なことではなかった。

ンドの内政不安につけこんで行ったポーランド分割（一七七二、九三、九五年の三回。二回目は不参加）である。

彼女は、自らは不本意ながらも、領土拡張をねらうロシア、プロイセンに引きずられる形で、第一回の分割に参加した。ハプスブルクは、ガリツィア、ロドメリア、ブコヴィナ（現ウクライナ領）、クラクフを取得した。三回目の分割で、ポーランドは、最後の寸土まで奪われ亡国の運命をたどった（49頁の地図参照）。ハプスブルク帝国は、これらのポーランド領を、帝国崩壊の一九一八年まで支配下においた。勢力均衡の時代であったとはいえ、このポーランド分割は、ハプスブルクの歴史のもっとも不名誉な一頁であった。

人間的なマリア・テレジア

男系が絶え王家断絶かという国家存亡のとき、しかもポーランド分割のような弱肉強食があたりまえというこの時代に、マリア・テレジアのような英明で、果断な女帝をえたオーストリアは、まったく幸運であったというべきであろう。

しかしそのマリア・テレジアも、二三歳で国事につくやいなや、強敵プロイセンが侵入してきたときは、生きた心地がしなかったにちがいない。後ほど告白しているように、彼

団欒の一家　マリア・テレジアの家族は、当時の他国の王家にくらべると、家庭的な幸せに恵まれていた。この絵は４女のマリー・クリスティーネの作品。家族の温かい雰囲気がよく描かれている。マリア・テレジアはここに描かれている４人を含め、全部で実に16人（そのうち６人は夭折）の子供をもうけた。父のカール６世に男子の世継ぎがなく、後継者のマリア・テレジア自身、帝位継承問題で戦争の苦労をなめたことから、子供は多いに越したことはないとの政治的配慮がはたらいたことは確かであろう。事実、長男のヨーゼフ２世は子宝に恵まれず、彼のあと次男のレオポルト２世が帝位を継いで王家は安泰をたもつ。

女が宮廷で直面したのは、「金も、信用も、軍隊も、自らの経験も、知識もなく、そのうえさらに助言する者もいない」というまことにみじめな状態であった。しかも、このときすでに三児の母であった彼女は、四人目を宿していたのである。

だが、そうそうに直面したこの苦境を、自らのり超えたところに彼女の非凡さがあった。その翌年の一七四一年、ハンガリー王冠を戴いたマリア・テレジアは、ハンガリー議会で、ハンガリー死守の決意を明らかにし、切々と救援を訴えた。涙を流しつつ真情を吐露する彼女の姿に、王家に反抗的なハンガリー貴族から、奇跡的な反応が起きた。彼らは「われら

晩年のマリア・テレジア　1765年、夫を失ってから、彼女は終生喪服をぬぐことはなかった。長男のヨーゼフ２世とはそりが合わず、末娘マリー・アントワネットへの手紙では孤独の淋しさを訴えるのだった。

国民に慕われた慈母　マリア・テレジアは多忙な政務にたずさわりながら、良き妻として夫に仕え、子供たちに細やかな愛情を注いだ。そればかりか「国の母マリア・テレジア女帝」として民衆からも愛された。

の女王マリア・テレジア」と叫んだ。彼女は、ハンガリー貴族の精鋭軍パンドゥールの支援をうることに成功したのであった。彼女は、天性ともいうべき政治的手腕とともに、人を動かす人間的な魅力をそなえていたのである。

　マリア・テレジアの偉大さは、傑出した君主であったことだけではなかった。多忙な政務のかたわら、家庭生活において、彼女はすぐれてよき妻でありよき母親でもあった。夫のフランツ一世・シュテファンとは、王家間の結婚にはめずらしく、恋愛によって結ばれた間柄であった。その夫とのあいだに、彼女は一六人の子供をもうけ、六人は亡くしたが、あとは立派に育て上げた。夫フランツが先だったあと、マリア・テレジアは深い悲しみに沈み、死ぬまで喪服をぬぐことはなかった。

　マリア・テレジアは幸せな家族に恵まれた。同時代の帝王たちは、ロシアのエカチェリーナ女帝にしても、プロイセンのフリードリヒ大王にしても家庭的には不幸であった。エカチェリーナは、夫のピョートル三世が、宮廷内の陰謀によって殺害されたあと即位した。英明な女帝ではあったが、数多くの愛人と情事を重ねていた。フリードリヒは禁欲生活を好み、別居する妃とは時たま顔を合わせるだけだった。

　マリア・テレジアについては、一つの伝説的なエピソードがある。ある日彼女が、長男ヨーゼフとともに、シェーンブルン宮殿の庭を散歩していると、乞食女に出くわした。女の腕の中では、乳が出ないため赤ん坊が泣き叫んでいる。マリア・テレジアは、立ち止まって財布をひらくが、金貨で子供がだまるものか、と女は怒る。するとマリア・テレジアは、赤ん坊をやさしく抱き上げ、自分の乳房を吸わせてやる。これは絵にも描かれている有名な伝説である。彼女の人間的な人柄から自然に生まれたエピソードであろう。

息子ヨーゼフの「上からの革命」

　さてマリア・テレジアの時代に、プロイセンが、この国にとって最大の脅威となっていくが、そのような重大な時期にあって、ハプスブルク帝国は、必ずしも近代的な統治国家とはいえなかった。

　いまや強力なライバルとして登場したプロイセンは、ハプスブルクとはまったく対照的であった。すでにのべたように、この新興国は、強力な軍隊と能率的な官僚制度をもつ近代的な中央集権国家であった。マリア・テレジアがこれを見逃すはずはなかった。彼女はプロイセンにならって、教育制度をはじめとする一連の社会改革を行い、産業の振興に力をつくした。

　一七八〇年、マリア・テレジアがこの世を去ると、改革は、息子のヨーゼフ二世によって引き継がれ、さらに一段と拡大された。マリア・テレジアの治世は、息子との共同統治をふくめ四〇年にもおよんだ。彼女がその間に公布した法令集は四巻であった。ヨーゼフの治世は一〇年間にすぎなかった。しかし彼の手になる法令は一八巻にも達した。彼がいかに多くの改革を行ったかは、この数字からも明らかである。しかも彼の改革は、母親よりは急進的で、改革というよりは「上からの革命」といったほうがよかった。

自ら農耕を行うヨーゼフ　彼は、母親の時代からの農奴解放を徹底させた。即位の翌1781年、ボヘミアで、ついでハンガリーでも農奴制を廃止した。ここには自ら野に出て耕す「民衆王」が描かれている。

　彼のもとで、農奴制と拷問は廃止された。宗教寛容令が出された。ユダヤ人に対して社会的進出への道が大きく開かれた。さらにカトリック教会は国家の管理のもとにおかれ、多すぎたカトリックの祝日が減らされ、七〇〇もの修道院が閉鎖された。王家の馬場・猟場であったプラーター公園がウィーン市民に開放された。そしてさらには、二〇〇〇人を収容できるウィーン総合病院が開設された。

　ヨーゼフの改革の核心は宗教政策であった。彼は徹底した合理主義者であった。

　たとえば宗教寛容令である。ハプスブルクは、反宗教改革を固持し、カトリックを国教としてきた。しかし当時国内に、数多くの「隠れプロテスタント」が居住し、教会を組織していることは公然の事実となっていた。ヨーゼフ自身それは気がかりなことであった。それをあえて寛容令に踏み切ったのは、プロテスタントの技術者や金融業者が、経済の発展の力となることを期待したからである。彼は、寛容令によって、プロテスタントにマイスターへの道を開き、大学進学の機会を与えた。

　ヨーゼフ二世のこのような改革は、当然のことながらローマ法王に深刻な懸念を呼び起こした。法王ピウス六世はヨーゼフと話しあうため、一七八二年、自らウィーンまでのり込んでくる。しかし法王を前にしても、ヨーゼフの信念が揺らぐことはなかった。

　こうしてヨーゼフは改革に情熱をかけたが、そのあまりにも性急な「上からの革命」に、民衆は戸惑い、特権階級は反発した。またドイツ語を公用語とする中央集権制の確立に対しては、民族主義的なハンガリー貴族が抵抗した。

　母親とちがい、彼はけっして慕われた帝王ではなかった。彼は、愛妻をはやくに亡くし、家庭的には不幸であった。彼が、改革に異常なほど情熱を傾けた背景には、そうした事情もあったのだろうか。彼は一七九〇年に没するが、彼が生前彫らせた墓碑にはこうある。

「私心なきも不幸にしてその意を得ざりし公ここに眠る」

　しかしマリア・テレジアからヨーゼフ二世の時代にかけて行われた改革の結果、教育・福祉の水準は向上し、産業の発展をみ、この国は近代国家へと脱皮していった。今日、中央ヨーロッパや北イタリアで、かつてハプスブルク帝国領であった先進地域は、この時代の改革に負うところがきわめて大きい。

ヨーゼフ2世　急進的な改革を行い、「民衆王」「皇帝革命家」と呼ばれるにいたった。彼の改革のやり方をさして「ヨーゼフ主義」という言葉も生まれた。ハプスブルク皇帝の中でもっとも評価の分かれる人物である。

改革を憂慮したローマ法王　ヨーゼフのカトリック改革を憂慮した法王は、彼の翻意をうながすためウィーンにやってくる。しかし彼は、法王に帰国用の新しい馬車を贈り、途中まで丁重な見送りをしただけだった。

ウィーン総合病院　ヨーゼフ２世は1784年、５つの専門分野をもち、2000人を収容できる総合病院をウィーンに開いた。彼はこれより前1766年にも、王家の御料地プラーターを市民に開放した。

6 会議は踊る

ウィーン会議　18世紀末から19世紀初めにかけて、フランス革命・対ナポレオン戦争と欧州はおよそ25年間戦乱に明けくれる。ナポレオン失脚後1814年から翌年にかけてウィーンで平和会議が開かれた。

ハプスブルクとブルボン

歴史的なライバル関係にあったハプスブルク家とブルボン家とが、「外交革命」によって同盟関係へと大転換をとげたことは前章でのべた。この両家の和解は、さらに両家間の婚姻へと発展する。マリア・テレジアの末娘マリー・アントワネットと、ブルボン王家の皇太子、後のフランス王ルイ一六世との結婚である。

婚約が発表されたとき、マリー・アントワネットはまだ一一歳であった。母親と宰相カウニッツによってお膳立てされた政略結婚であった。彼女は美貌に恵まれていたが、華美を好み、高慢な性格の持ち主であった。一五歳の若さで嫁いでいくが、母親の志に反して、奢侈にふけり、国事に干渉した。そのうえ民衆を軽蔑し、スキャンダルをひき起こし、「オーストリア女」と中傷され、非難をあびるようになった。当時フランスは、王家歴代のたび重なる戦争がたたって、国家財政は疲弊の極に達し、社会不安は高まる一方であった。夫のルイ一六世は、優柔不断の小心者で、この重大な危機をのりきれる器ではなかった。

一八世紀後半、ハプスブルク家とブルボン家は、対照的な道を歩んでいた。

ハプスブルク家は、マリア・テレジアに始まり、息子のヨーゼフ二世と彼の弟のレオポルト二世にいたる大胆な改革によって、短期間に国家の近代化に成功した。創始者マリア・テレジアの功績は大きかった。しかし彼女は、まだ王家とか王朝という考えから脱しきれない「バロック」君主であった。ところが二人の息子たちは、さらに進んで国家とか祖国という新しい概念に生きる「啓蒙」君主であった。

マリー・アントワネットと子供たち　彼女がもうけた4人の子供のうち、3人がここに描かれている。一家のうちフランス革命の後まで生きのびたのは、王女マリー・テレーズ（左）だけであった。

彼らは、貴族や教会が支配する中世的な社会を、国家による合理的な統治組織へと改革することに専心した。ヨーゼフ二世は、プロイセンのフリードリヒ二世とならぶ啓蒙時代の典型的な専制君主であった。彼らは、自らを「国家の従僕」と考えていた。レオポルトは「人間の平等」をすら強調した。彼は、憲法制定の必要を唱えたハプスブルク初の皇帝であった。

これに対してブルボン家のもとでは、「朕は国家なり」と豪語したルイ一四世の専制政治が、ルイ一六世の時代になっても大して変わらなかった。皮肉なことに、プロイセンやハプスブルクの君主たちは、ヴォルテールやモンテスキューらフランス啓蒙思想家と、あるいは親しく交わり、あるいはその思想に共鳴し、彼らの影響のもとに自らの国家の近代化をおし進めた。しかし地元フランスのブルボン家は、これらの啓蒙思想には背をむけ、旧態依然たる体制を維持していたのである。

こうした中で、王妃マリー・アントワネットは、奢侈享楽にうき身をやつし、アンシャン・レジーム（旧体制）にひたりきっていた。そして彼女にとって悲劇の日は刻々と近づきつつあったのである。

フランス革命

一七八九年七月一四日、パリの民衆はバスティーユ牢獄を襲撃する。フランス革命の勃発である。翌八月には、憲法の基本理念をしめす人権宣言が発表される。さらに一〇月、食糧難に怒る市民たちは、郊外のヴェルサイユ宮殿に押しかける。そして国王にパンの配給を約束させ、国王一家をパリのテュイルリー宮殿に連れもどした。一七九一年九月には、憲法が発布され、フランスは憲法をもつヨー

ルイ16世　アメリカ独立運動への支援で、宿弊の財政窮乏をさらに悪化させた。チュルゴーら傑出した蔵相を抱えながら、財政危機の克服に失敗。1789年５月に招集した三部会がフランス革命の引きがねとなった。

マリー・アントワネット　政略結婚により、1770年ハプスブルク家から、フランス・ブルボン家王太子（ルイ16世）に嫁がせられた。華美を好み、オーストリアの国益に奉仕し、フランス国民の反感を買った。

バスティーユ牢獄襲撃　1789年７月14日、パリ市民は武器をとって立ち上がる。彼らは廃兵院に押し入って大砲や銃を手に入れ、政治犯が囚われていた、アンシャン・レジームの象徴バスティーユ牢獄を襲撃した。

レオポルト２世　革命で身に危険が迫ったとき、マリー・アントワネットが期待したのは、兄レオポルト２世の救援であった。しかし即位したばかりの彼は、対外政策に追われ、しかも在位２年で急死してしまう。

ロッパ大陸最初の国となった。

　だが一度生まれた革命的空気はとどまるところを知らなかった。後半に入ると、革命は恐るべき様相を見せはじめる。議会は過激化し、人々はその憤懣を国王に向けるようになる。一七九二年九月には、王政は廃止されて共和制が樹立され、翌九三年一月にはルイ一六世が処刑された。さらにこの年の六月には、もっとも過激なジャコバン党の独裁が始まり、マリー・アントワネットも、革命裁判所に送られて、ギロチンの露と消えた。四万人の命が、恐怖政治の犠牲となった。

　彼女は、事ここにいたるまえに、兄のレオポルト二世に救援を求めた。しかし彼は、すでにのべた通り、フランスの啓蒙思想に傾倒し、当初はフランス革命には理解を示していた。しかも当時、欧州政治の複雑な勢力関係は、彼に軽率な行動をとることを許さなかった。彼は、妹の手紙に対してこう答えていた。

「私には、フランス王妃の妹がいる。しかし神聖ローマ帝国には妹はいないし、オーストリアにも妹はいない。私には、諸民族の幸せの命じるがまま行動することが許されているだけだ。一族の利益にしたがうわけにはいかないのだ」

　一七九一年六月、フランス王家一族が国外逃亡を企て、逮捕されてパリに送り返されてから、レオポルトもようやく事態の重大さをさとったが、翌九二年三月、彼は突然病にかかってこの世を去る。マリー・アントワネットは最後の望みを絶たれた。

　しかし投獄されてから彼女は別人のように人が変わった。堂々と気品をもって振る舞い、最後までマリア・テレジアの娘としての誇りを失わなかったという。断頭台にのぼったのは一七九三年一〇月、彼女は三八歳だった。

ルイ16世処刑　1793年１月21日にフランス国王ルイ16世は、ギロチンによって処刑され、アンシャン・レジームは終わりを告げる。この事件は、ハプスブルクはじめ欧州諸王家に深刻な衝撃を与えた。

ナポレオンの登場

　フランス革命は、外の欧州諸国に対しても重大な衝撃を与えた。ハプスブルク帝国は、イギリス、プロイセン、ロシアなど、革命思

処刑直前のマリー・アントワネット　夫ルイ16世処刑の９カ月後、マリー・アントワネットも断頭台の露と消えた。彼女は毅然として最期をとげたという。
革命画家として有名なジャック・ルイ・ダヴィドの作品。

想の自国への波及を恐れる欧州諸国と同盟を結成する。同盟諸国とフランスとの間に戦火が上がり、ハプスブルクは、動乱の中に投げ込まれることになった。

一七九六年、ナポレオン・ボナパルトの率いる革命政府軍は、北イタリアに侵入しオーストリア軍を破った。一八〇五年にはアウステルリッツ（現チェコ領内）の戦い、一八〇九年にはアスペルン、ワグラム（いずれもウィーンの近郊）の戦いと、オーストリアとフランスとの間に激しい戦闘が展開された。その間ウィーンは、二度にわたってナポレオンに占領される。

これらの戦いの結果、ハプスブルク帝国の地図は大きく塗りかえられた。カンポ・フォルミオ、プレスブルク、シェーンブルンの三条約によって、ハプスブルク家は広大な領土を失う。

ナポレオンは、ハプスブルク帝国領のロンバルディア（北イタリア・ミラノ周辺）とベルギーを併合し、チロルなどを奪いとってバイエルンに与えた。一方さきのポーランド分割いらいハプスブルク領となっていたクラクフと西ガリツィアを、自ら樹立した「ワルシャワ大公国」に返還させた。

また滅亡させたヴェネツィア共和国を、いったんはハプスブルクに代償として与えながら、自らの保護国とした。さらには当時ハプスブルク帝国領であった現在のスロヴェニア・クロアチア地方を、「イリュリア州」として支配下におさめた。

ハプスブルク家にとってさらに重大な出来事は、この間に神聖ローマ帝国が消滅させられたことである。

一八〇四年にナポレオンがフランス皇帝に即位すると、ハプスブルクのフランツ二世は、自らを新たに「オーストリア皇帝」フランツ一世と称した。彼は、ヨーロッパ全土をほとんど支配下においたナポレオンがフランス皇帝についたため、もはや神聖ローマ皇帝の命運は尽きたと考えたのであった。

はたして一八〇六年、ナポレオン保護下に

ナポレオン　ナポレオンは、革命末期の対外遠征で頭角をあらわし、1804年には皇帝に選ばれて、ナポレオン1世と称した。彼の登場によって、ハプスブルク家は動乱の真っ只中に投げ込まれることになった。

ナポレオンのウィーン攻略　ナポレオンは1805年にウィーンに無血入城。1809年には激しい戦闘のすえウィーン攻略に成功した。シェーンブルン宮殿が、その都度ナポレオンの宿営本部となった。

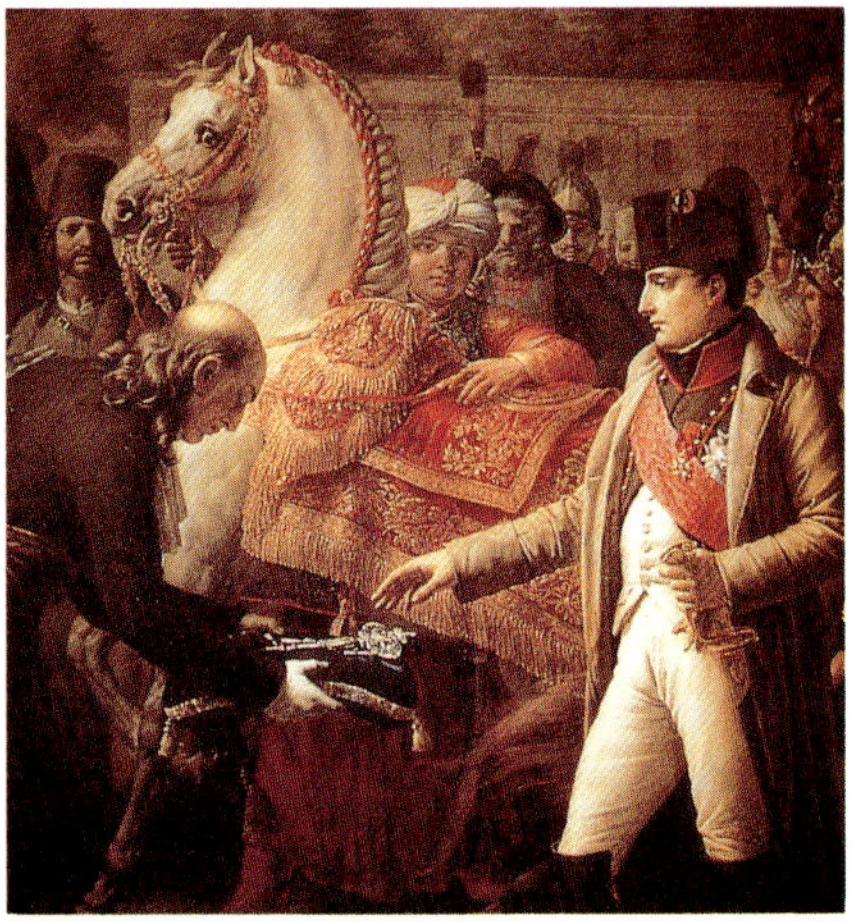

フランツ１世　1806年ナポレオンのもとに、ドイツ諸侯による「ライン同盟」が結成された。神聖ローマ帝国は崩壊し、フランツ２世は退位した。彼はすでに1804年からオーストリア皇帝フランツ１世と称していた。

マリー・ルイゼ　1810年、ナポレオンはジョゼフィーヌと離婚し、ハプスブルク家からマリー・ルイゼを妃として迎えた。もちろん政略結婚であった。翌年２世も誕生するが、これで彼の得意の絶頂は終わった。

ウィーン市の鍵を受けるナポレオン　1809年５月ウィーンを攻略したあと、ナポレオンは市長から市の鍵を受けとった。彼は、シェーンブルン平和条約の成立まで、５カ月間ウィーンに滞在した。

ナポレオン戴冠式　1804年皇帝ナポレオン１世の即位のさい、ノートルダム寺院でローマ法王ピウス７世列席のもとに行われた戴冠式。皇帝ナポレオンの誕生によって、神聖ローマ皇帝の命運はつきた。

「ライン同盟」が結成される。ハプスブルクをのぞく、神聖ローマ帝国内のドイツ諸侯国がこれに加盟した。それは神聖ローマ帝国の終焉を意味した。こうしてフランツは、一四三八年いらいハプスブルク家が引き継いできた神聖ローマ皇帝の帝冠を手放したのである。

これとともに国名も「オーストリア帝国」と称せられることになった。

　ただ神聖ローマ帝国の双頭の鷲の国章は、オーストリア帝国によって引き継がれることになった。

　一八一〇年、ナポレオンと、フランツの長女マリー・ルイゼとが結婚する。この結婚の背後にはそれぞれの思惑があった。ナポレオンは、これによって欧州最大の王家と姻戚関係を結び、かつ来たるべき対ロシア攻略に備えることができた。一方オーストリアは、これによってフランスに王政を復活することをひそかに期待したのであった。

ライプツィヒの戦い　1812年ナポレオンのモスクワ退却は、彼の没落の始まりであった。翌13年にはライプツィヒで、オーストリアをはじめとする同盟軍に大敗し、フランス軍は欧州の占領地域から一掃された。

ウィーン会議

一八一二年、ナポレオンは、四〇万の兵を率いてモスクワに遠征するが、ロシア軍の焦土作戦に悩まされ、飢えと寒さから退却をよぎなくされる。翌一三年オーストリアはじめ諸国は、いっせいに立ち上がる。同盟軍は、ライプツィヒの諸国民戦争でナポレオン軍を破り、さらにパリを占領した。翌一四年、ナポレオンは退位させられてエルバ島に流され、

ブルボン家は復活した。

　オーストリア外相クレメンス・フォン・メッテルニヒ（一七七三〜一八五九）主宰のもとに、一八一四年から翌年にかけて、平和会議がウィーンで開かれる。ロシアのアレクサンドル一世、プロイセンのヴィルヘルム三世、イギリスのカスルレー外相、フランスのタレーラン外相ら、およそ二〇〇の国・侯国・都市の代表が集まった。会議関係者は一万を超え、国の財政は大赤字となったが、ウィーンは時ならぬ好景気にわいた。

「会議は踊る、されど会議は進まず」。周知のド・リーニュ侯の名文句である。ド・リーニュ侯は、ベルギーの名門貴族の出で、もともと軍人の出であったが、すでに八〇歳。ウィーンで文筆家として暮していた。彼はルソー、ゲーテ、フリードリヒ大王、エカチェリーナ女帝らと個人的な交際があり、談論風発、機智に富むその語り口で、当時のウィーン社交界の寵児となっていた。

　たしかにド・リーニュ侯が皮肉ったように、集まってはみたものの、本会議はあいつぐ延期でなかなか開かれなかった。午前閣僚たちがまとめた話も、夕方首脳が集まれば、覆されることがしばしばだった。ロシアやプロイセンは、ポーランドやザクセンへの野心を露骨にし、フランスは会議のイニシアチブをとるのに懸命であった。公園や郊外を散歩しな

宮廷仮面舞踏会　ウィーン会議当時、この都で文筆活動をしていたベルギー生まれのカール・ヨーゼフ・ド・リーニュ侯は、“Le Congrès ne marche pas; il danse.”（「会議は踊る、されど会議は進まず」）と皮肉った。

ゲストで賑わうプラーター公園　ウィーン会議に集まった賓客のため、晩餐会、舞踏会、コンサート、観劇、美術鑑賞、さらには競技やパレードの見物、狩りの会と、ありとあらゆる楽しみの催しが用意された。

がら、あるいは優雅なサロンでくつろぎながら、取引はもっぱら舞台裏で行われた。主宰国のオーストリアはもちろん、各国の代表は、スパイを放って互いに相手の動きをさぐりあった。

こうした一方で、代表たちはお祭り騒ぎのなかで明け暮れした。プラーター公園では試合やパレード、ウィーンの森では狩りの会、夜ともなれば晩餐会、舞踏会、コンサートがつづいた。派手な社交生活がくり広げられ、男女のスキャンダルも日常茶飯事となった。市民たちは皮肉った。

「ロシア皇帝は女遊びにほうけ、プロイセン王はもっぱら思索だ。デンマーク王は喋りまくり、バイエルン王はひたすら飲み、ヴュルテンベルク王は食べに食べる。つけはみんなオーストリアのフランツ帝さ」

こうして、会議が延々とつづく中で、衝撃的なニュースが伝えられる。ナポレオンがエルバ島を脱出し、フランスに上陸、ルイ一八世がパリから避難したというのである。騒然たる空気のなかで、会議は一八一五年六月、急遽調印へとこぎつけた。ナポレオンはワーテルロー（現ベルギー領内）の戦いで敗れ、セント・ヘレナ島へと追放される。彼の巻き返しは「百日天下」で終わった。

会議の結果、強力なオーストリアの再建というメッテルニヒの目的は達成された。ハプ

ウィーン会議後のオーストリアとプロイセン

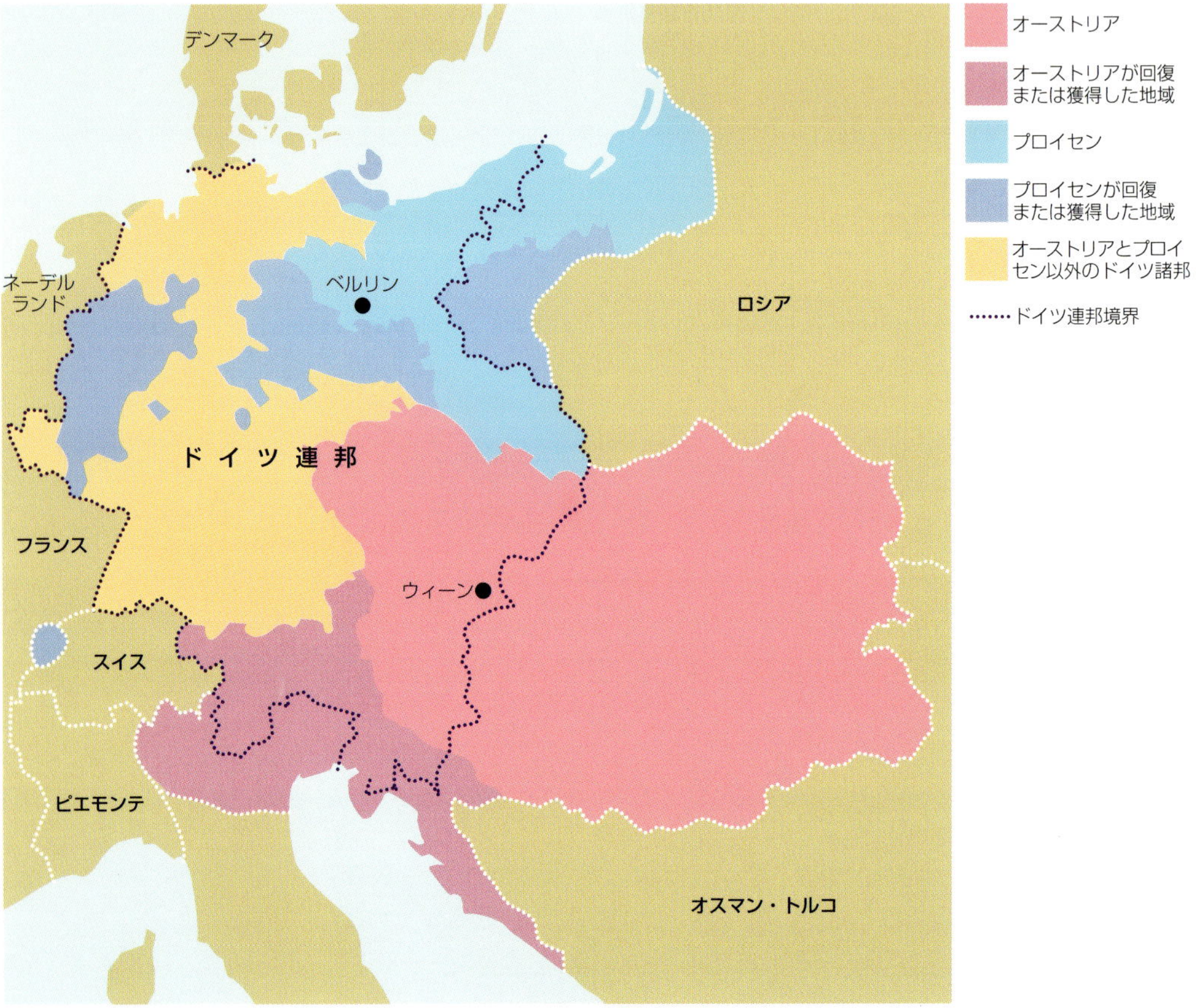

ウィーン会議後のオーストリア　ナポレオンに奪われた失地を回復し、さらに領土を拡張した。しかし神聖ローマ帝国の復活はならず、代わってドイツ連邦が新設された。そして連邦の覇権はやがてプロイセンが握った。

スブルク帝国は戦前の領土の多くをとりもどし、さらに新たな領土を獲得した。これにより帝国の重心は、イタリア、アドリア海方面に向かって大きく移動した〔地図参照〕。

まずミラノ、ヴェネツィアをふくむロンバルド＝ヴェネトと、それに連なって南へのびるアドリア海沿岸一帯は、オーストリア領となった。ナポレオンの「イリュリア州」に編入された今日のスロヴェニア・クロアチア地方も返ってきた。オーストリアはいまや、アドリア海を舞台とする強力な海軍国となった。さらにチロルがもどり、ザルツブルクもオーストリアの領有下に入った。またポーランドの西ガリツィアも（うちクラクフだけは一八四六年に）旧に復した。だがベルギーは、オランダに統合されて奪回はならなかった。

また、メッテルニヒの外交手腕が実って、欧州大国間の勢力均衡が確立され、ヨーロッパは、この後三〇年以上にわたって平和を享受することになった。しかしこの勢力均衡は、強大国の利害を中心にして、弱小民族の犠牲の上に実現された体制であった。民族意識の高揚とともに、この体制もやがて脅かされるにいたるのである。

なお神聖ローマ帝国は復活されなかった。それに代わって三九のドイツ諸国と自由都市による「ドイツ連邦」が新設され、オーストリアがその議長国をつとめることになった。

7 プロイセンに敗れる

ケーニヒグレーツの戦い　1866年のケーニヒグレーツの戦いで、オーストリアはプロイセンに大敗する。ハプスブルク帝国はこれにより、欧州政治での主導権を完全にプロイセンに奪われることになった。

メッテルニヒ体制

ウィーン会議から一八四八年のウィーン革命までの三〇年あまりの内外の平和は、いまや宰相となったメッテルニヒの保守反動体制によって維持された。彼の政策の目標は、ナポレオン以前の秩序を回復することに向けられた。

ウィーン会議後、ロシア皇帝の発議により、オーストリア、ロシア、プロイセン三国は「神聖同盟」を結成した。キリスト教の精神にもとづいて、三国の君主が協力することが謳われたが、同盟の真の狙いは、フランス革命やナポレオン支配によって触発された自由主義運動や民族主義運動を抑圧し、現状の維持のために各国が互いに支援しあうところにあった。

彼は、国内で「メッテルニヒ体制」と呼ばれる独特の抑圧体制をしいた。フランス革命とそれにつづくナポレオン戦争のあいだ、オーストリアは警察国家のもとにおかれた。しかしこの体制は、戦争が終わってもゆるめられることなく、ひきつづき彼のもとでセドルニツキー警察長官によって厳重な治安体制がしかれた。

警察やスパイの網がはりめぐらされ、言論

宰相メッテルニヒ　ウィーン会議で外交手腕をふるったメッテルニヒは、1821年宰相に任ぜられる。彼は国内においては、秘密警察網を張りめぐらし、きびしい検閲をしいて、自由主義・民族主義運動を弾圧した。

フランツ1世と一族　フランツ1世は「帝国は蝕まれた家屋同然だ。どこか一部でも動かせば、全体が崩壊することになるやも知れぬ」とのべ、変化を極度にきらった。彼はメッテルニヒに全面的な信頼をよせていた。

メッテルニヒの官房　ヒルデブラントの設計により1719年、宮廷枢密官房として完成。この建物は、現在もウィーン王宮の建築群の一角を占め、オーストリア政府総理府として使用されている。

は徹底的に取り締まられた。王家といえども手紙は開封され、ゲーテやシラーの作品はもちろん、ベートーヴェンの歌詞にいたるまで検閲が行われた。大学教授や学生は監視と弾圧のもとにおかれ、多くの教授が職を失った。外国人は一時期、家庭教師に雇われることすら禁止された。その結果、知的活動は窒息させられ、オーストリアは文化的停滞におちいっていた。

メッテルニヒは、事実上ハプスブルク家の政策を決定した。皇帝のフランツ一世は凡庸な君主であった。彼も変化を極度にきらった。彼は、息子のフェルディナントに与えた遺書で、メッテルニヒを信頼せよと命じ、さらに「国家構造の基礎はいっさい動かすな、統治せよ、何も変えるな」とのべた。

一八三五年フランツが逝き、フェルディナント一世が後を継ぐ。彼は癲癇を病んでおり、世継ぎから除外することも検討された。しかし、意のままに皇帝を動かし、抑圧体制をつらぬこうとするメッテルニヒは、強引にフェルディナントを推したのである。

フランツ一世の祖母マリア・テレジア、伯父のヨーゼフ二世、そして父親のレオポルト二世と、かつてはハプスブルク家は改革に情熱を傾けた。レオポルト二世は、憲法の導入すら考えた進歩的な思想の持ち主であった。しかしいまや時代は大きく後退した。メッテルニヒ体制の中にあって、王家自身も完全に保守化してしまったのである。

ビーダーマイア

メッテルニヒ体制下のオーストリア、ことにウィーンでは、「ビーダーマイア」と呼ばれる特徴的な市民生活を生んだ。

もともとこのビーダーマイアという言葉は、当時アイヒロットという作家が、その作品の中で登場させた人物の名前に由来する。ビーダーマイアなる人物は、愚直で、俗物的で、自主性のない小市民であった。それが、この時代の芸術様式から服飾、さらには人々の生き方を象徴する言葉として、広く用いられるようになったのである。ビーダーマイアは、マリア・テレジア以来の改革の挫折と、メッテルニヒ体制という時代の空気を反映していた。

ビーダーマイアは、ことに家具調度の様式に特徴的にあらわれた。ビーダーマイア様式は、豪放華麗なバロックとも、また繊細で優雅なロココとも異なり、素朴でシンプル、かつ安楽と快適をむねとした。

これは、バロックやロココ芸術の担い手であった貴族のほかに、新たに裕福な市民階級が台頭しつつあることを示していた。彼らは、メッテルニヒ体制のもとで政治には背を向け

た。居心地のよい家に住み、家族と団欒する のを何よりとした。グルメを楽しみ、美酒に酔い、休日はウィーンの森でゆっくり憩いの時を過ごすことに喜びを見出した。

　政治からの逃避は、他方において音楽や観劇や舞踏会の盛況をもたらすことになった。それはまた、政治から市民の目をそらせようとする当局者ののぞむところでもあった。

　この時代のウィーンでは、時代の空気を映して、家族が中心になって楽しむハウスムジーク(家庭音楽)が流行した。ヴォルフガング・アマデウス・モーツァルト（一七五六〜九一）やヨーゼフ・ハイドン（一七三二〜一八〇九）はすでに世を去っていた。彼らの活動の舞台はもっぱら貴族社会であった。

　彼らのあと、ビーダーマイア時代のウィーンには、ルートヴィッヒ・ファン・ベートーヴェン（一七七〇〜一八二七）とフランツ・シューベルト（一七九七〜一八二八）の二人の大作曲家がいた。しかしベートーヴェンがもっとも精力的に作曲活動をしたのは、ナポレオン登場の頃からウィーン会議までであった。ビーダーマイア時代の作曲家と呼ぶにふさわしいのはシューベルトであった。

　シューベルトは、貴族社会よりも市民社会に生きた。彼の手になるハウスムジークは、安らぎと心地よさを求めるビーダーマイアの空気にぴったりであった。シューベルトのや

ピアノを弾くシューベルト　友人たちとサロンで楽興の時を過ごすシューベルトが描かれている。感傷的で優しい彼の歌曲は、くつろぎと快適さをなによりとしたビーダーマイア時代の市民に愛好された。

ビーダーマイア時代のウィーン　カール・ヴァスケス伯による1835年頃のウィーンの図。周りのシリーズ絵には、商店や道ゆく人々の姿が精緻に描かれ、ビーダーマイア時代の市民生活を垣間見させる。もっぱら教会や宮殿が描かれていた当時としては、めずらしい作品である。地図には、当時ドナウ河が、ウィーン郊外で巨大な中州をなし、いくつもの分流となって流れていたさまが示されている。

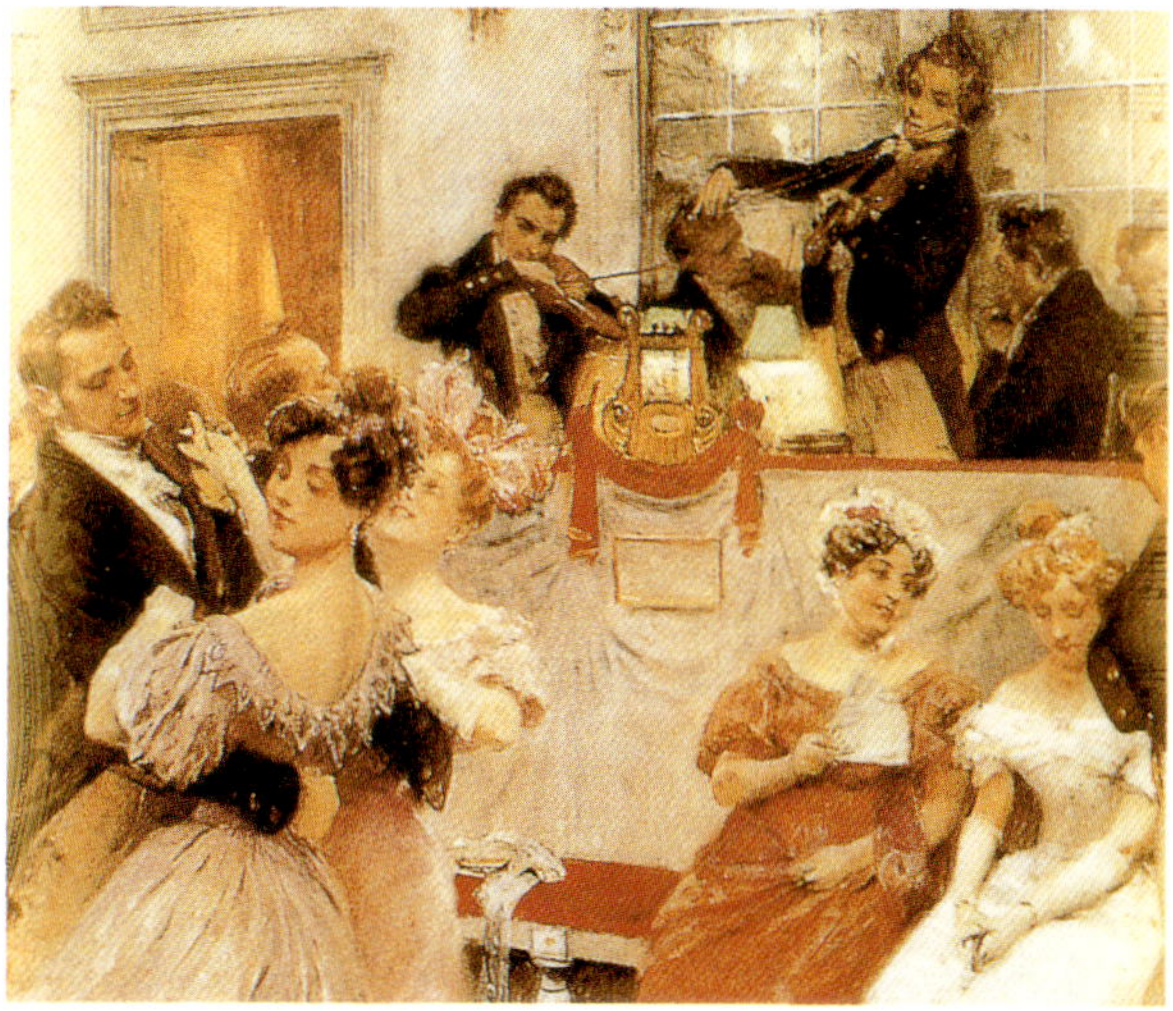

舞踏会の流行　ビーダーマイア時代のウィーンでは、階層の別なく舞踏会の大流行をみた。貴族社会伝統のメヌエット、カドリーユ、ポロネーズに代わって、いまや彼らが熱狂的に踊ったのは、ウィンナ・ワルツであった。

さしく感傷的な歌曲の調べは、いかにもビーダーマイア時代のウィーンの市民社会の雰囲気を思わせる。

　ビーダーマイア時代のウィーンで、ことに目立ったのは、熱狂的ともいうべきダンスの流行である。ウィーンの郊外にダンスホールがあいついで建てられ、日夜舞踏会が開かれて、あらゆる階層の市民がダンスに熱中した。ヨーゼフ・ランナー（一八〇一～四三）や父ヨハン・シュトラウス（一八〇四～四九）らの作曲家は、舞踏会用に数多くの作品を世におくった。

　ウィンナ・ワルツが一般に広まったのもこの時代であった。もともとそれは、ドナウ上流からやってきたレントラーという田舎の踊りであった。ウィンナ・ワルツは、貴族社会からでなく、ビーダーマイア時代のウィーンの市民生活から生まれたのである。

ウィーン革命

　一八四八年、パリで「二月革命」が勃発した。革命はたちまちヨーロッパ全土に波及する。

　ウィーンでは、三月一三日、旧市街で民衆と警官隊が衝突し、死者を出したことが革命の導火線となった。怒った民衆は郊外にくり出して公共建築物に放火し、労働者も工場を

ウィーン革命勃発　1848年パリの２月革命は、欧州全土に飛び火した。翌３月13日にはウィーンで、学生が学問の自由と弾圧の中止を叫んでデモを行った。検閲は廃止され、憲法の制定が約束された。

国防相殺害　ウィーンでは1848年10月、3たび革命の炎が燃え上がった。ハンガリーへの軍隊出動を命じたラトール国防相は、暴徒によって殺害され、街灯に吊り下げられさらしものにされた。

イェラチッチ将軍　クロアチア人で政治家・軍人。1848年9月ブダペスト革命を弾圧、10月にはウィーン革命鎮圧の指揮に当たった。皇帝派のクロアチア独立の闘士で、今日もクロアチアの国民的英雄。

メッテルニヒ失脚　ウィーン革命の勃発とともに退陣したメッテルニヒは、ロンドンに亡命する。彼は「実に偉大な外交官であった、だが偉大な政治家ではなかった」（フランツ・グリルパルツァー）。

破壊し商店を襲った。一方、ウィーン大学の学生は、学問の自由と弾圧の中止を叫んでデモに立ち上がった。翌一四日政府は譲歩する。学生の要求にしたがって、検閲は廃止され、憲法の制定が約束された。メッテルニヒは退陣してロンドンに亡命した。

革命の空気は、帝国の各地にも広がっていた。それらの動きは、自立を求める民族主義運動の始まりでもあった。ウィーンに先立ち三月三日、ハンガリーのプレスブルクでは、コッシュート・ラヨシュ（一八〇二〜九四）が議会で決起をうながす演説を行った。三月一七日にはイタリアのロンバルド＝ヴェネトでも激しい暴動が起きた。

こうした中で、五月、ウィーンでは学生がふたたびデモに立ち上がった。旧市街には学生によってバリケードが築かれた。フェルディナント一世は、難をのがれてインスブルックへ宮廷を移した。一方プラハでも六月一二日の聖霊降臨祭に民衆の蜂起をみた。

こうして帝国全土で騒然たる情勢がエスカレートする中で、政府は、三人の将軍を動員して巻き返しに出た。まずアルフレート・ヴィンディシュグレーツ将軍（一七八七〜一八六二）は、六月一七日プラハを制圧する。さらに、七月にはイタリアで、ヨーゼフ・フォン・ラデツキー将軍（一七六六〜一八五八）が、さらに九月にはブダペストで、ヨシプ・イェラチッチ将軍（一八〇一〜五九）が、それぞれ革命の鎮圧に成功した。

ハンガリーへの武力弾圧に刺激されて、ウィーンでは一〇月、三たび革命の炎が激しく燃え上がった。国防大臣ラトールは暴徒に殺害され、夏にウィーンにもどったばかりの宮廷は、ふたたびオルミュッツに、また帝国議会もクレムジール（ともに現チェコ領内）に避難した。

ウィーン旧市街では、労働者や学生が警官隊と激しい戦闘をくり返していた。革命側には、ポーランドから支援にかけつけたベム将軍も指揮にあたっていた。ヴィンディシュグレーツ、イェラチッチ両将軍は、ウィーンを包囲した。いまや欧州の革命勢力の目はウィーンに注がれる。政府側の攻撃が開始され、宮廷は炎に包まれた。砲撃の激しさは、ナポレオンによるかつてのウィーン攻略を上回るものであった。ついに一〇月三一日、両将軍の率いる軍隊は市内に突入する。こうして、残酷な流血のうちに、ウィーン革命は終末を迎えたのであった。

ウィーン革命鎮圧のあと、ハプスブルク帝国は、新たな反動の時代に入る。一八四八年一二月、フェルディナント一世が退位すると、甥のフランツ・ヨーゼフ一世が、一八歳で皇帝に即位した。以後六八年間という長期にわたる彼の治世が始まる。彼は宰相フェリック

プラハ蜂起　革命的な空気は、たちまちにして帝国の各都市にも広がった。プラハでは1848年6月12日「聖霊降臨祭蜂起」をみた。皇帝軍により市内への砲撃が行われ、流血のすえ弾圧された。

ウィーン学生革命本部　「余は発砲させるつもりはない」とのべたフェルディナント1世は5月、難を避けて宮廷をインスブルックに移した。皇帝の豹変に失望した学生の一部は、運動をさらに過激化させていった。

革命最後の日々　夏にいったんウィーンに戻った宮廷は、ふたたびオルミュッツに移された。政府軍は市周辺を包囲、10月31日旧市街に突入する。激しい市街戦が展開され、ウィーン革命は終末を迎えた。

コッシュート　ハンガリー独立の闘士。貧しい貴族の生まれで、議員・ジャーナリストとして政治活動。1849年ハンガリー独立を宣言したが、ロシア軍の介入で失敗、西欧に亡命して独立運動をつづけた。

ラデツキー将軍　1848年７月北イタリアで革命軍を撃破したオーストリアの将軍。ヨハン・シュトラウス（父）は彼の戦勝を記念して『ラデツキー行進曲』を作曲した。将軍は1813年の対ナポレオン戦争でも活躍した。

若きフランツ・ヨーゼフと閣僚たち　ウィーン革命後、1848年12月フランツ・ヨーゼフが18歳で即位する。宰相シュヴァルツェンベルク（図で皇帝の右）のもと、軍部と官僚による体制の立て直しが行われた。

ス・シュヴァルツェンベルク（一八〇〇〜五二）のもとで、軍部と官僚による旧体制の立て直しを行った。帝国議会が避難先のクレムジールで立案したリベラルな新憲法は、葬り去られた。

翌四九年四月、ハンガリーがコッシュートのもとに独立を宣言すると、フランツ・ヨーゼフは、実に二〇万ものロシア軍の支援をえてハンガリー革命を粉砕した。

しかし将軍たちの力で、帝国を維持できる時代はようやく終わりに近づきつつあったのである。

イタリア独立へ

かつてメッテルニヒは「イタリアは地理的概念にすぎない」とのべた。イタリアとは、たんなる地名で、そういう名称の国は存在しないという意味である。たしかに、古代ローマ帝国が滅びていらい、イタリア半島は、地中海からあるいはヨーロッパ大陸から、外部勢力の侵略がたえることなく、四分五裂の状

ソルフェリーノの戦い　サルデーニャとフランスの連合軍は1859年、ソルフェリーノでオーストリア軍を大敗させた。激戦の惨状を目撃したスイス人博愛主義者アンリ・デュナンは後に赤十字を設立した。

イタリア宰相カヴール　北イタリアの小王国サルデーニャの首相。1859年の独立戦争で、オーストリアからロンバルディアを獲得し、さらに中部と南部も併合した。61年にはイタリア王国として独立を達成、初代首相となった。

ハプスブルク支配下のイタリア

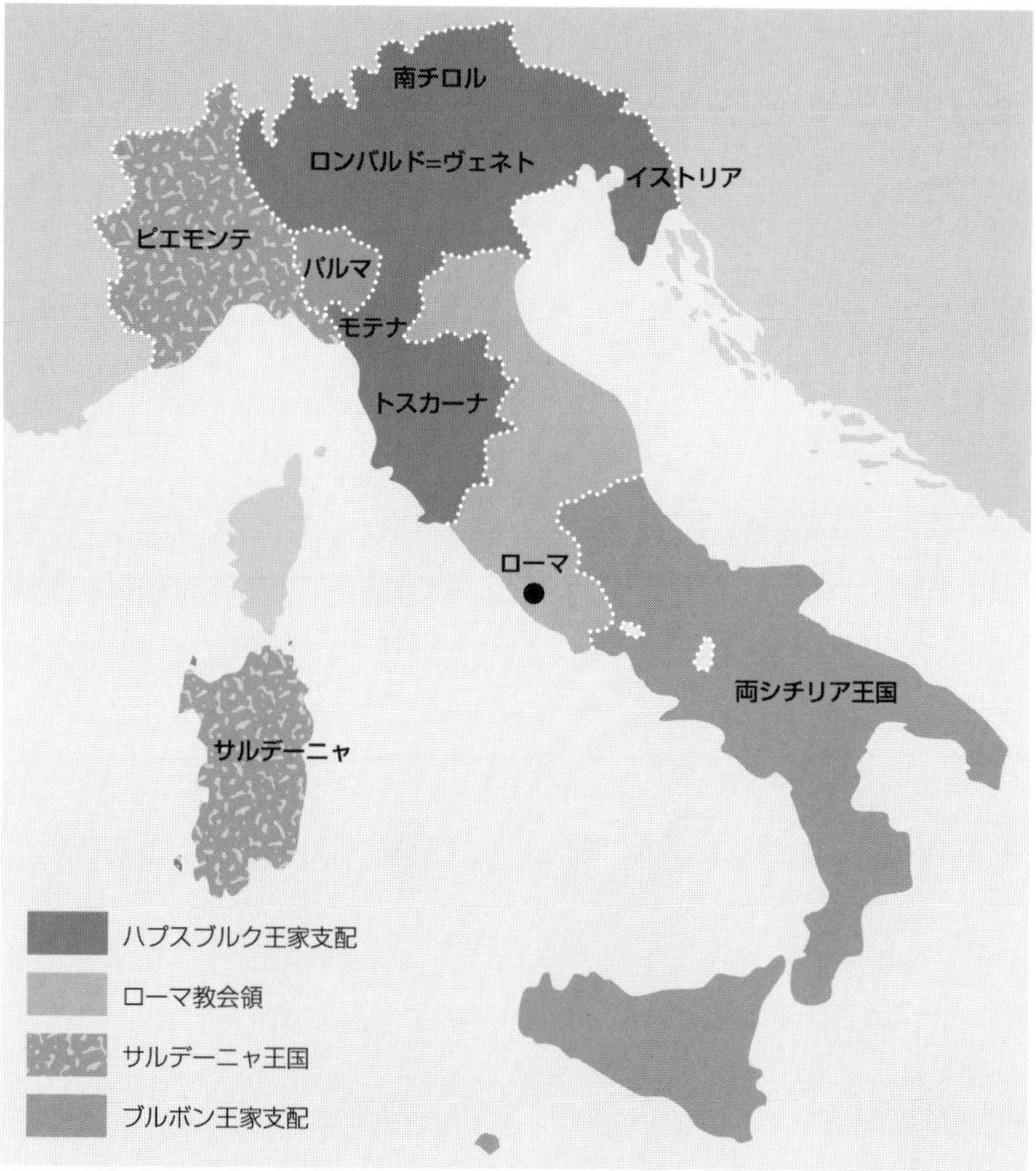

ハプスブルク支配下のイタリア　イタリアは19世紀半ばになっても、統一国家を実現できず、北部は、小王国サルデーニャをのぞき、ハプスブルク王家、中部はローマ法王、南部はブルボン王家の所領となっていた。

態がつづいていた。

この当時のイタリア半島は、北イタリアのサヴォイア家に属する小王国サルデーニャ(ピエモンテ)をのぞき、北部はハプスブルク王家、中部はローマ法王、そして南部はフランスのブルボン王家の支配下にあった〔地図参照〕。しかしフランス革命と、そのあとのナポレオン時代の影響で、イタリアでもナショナリズムがつよまり、サルデーニャを中心に統一運動(リソルジメント)が起きてきた。

すでにのべた北部の帝国領ロンバルド=ヴェネト王国での反ハプスブルク暴動の鎮圧にあたったラデツキーは、かつてナポレオンを失脚に追いこんだライプツィヒの戦いで勇名をはせた将軍であった。

ラデツキーは、一八三一年以来、北イタリアで最高司令官の任にあった。四八年三月暴動が起きると、彼は直ちに反撃に出て、七月クストッツァの戦いで、革命軍とこれを支援するサルデーニャ軍を大敗させた。翌月ウィーンでは戦勝記念式典が開かれ、ヨハン・シュトラウス(父)による『ラデツキー行進曲』が演奏されて、戦勝気分に酔っていた。

翌一八四九年三月、サルデーニャは最初のイタリア独立戦争に立ち上がるが、ノヴァラの戦いでまたもラデツキーの軍門に降った。

しかしサルデーニャは再起をはかる。たまたまロシアと英仏間で勃発したクリミア戦争

モルトケ　プロイセン軍参謀総長。彼が行った軍の再編成は、対デンマーク戦争（1863〜64）、対オーストリア戦争（1866）、対フランス戦争（1870〜71）の３つの戦争で、プロイセンを勝利に導いた。

ドイツ国民議会　1848年５月フランクフルトでドイツ諸国による国民議会が開かれた。しかし、将来のドイツ統一にかんして、オーストリアの「大ドイツ主義」とプロイセンの「小ドイツ主義」とが対立した。

（一八五四〜五六）が好機となった。この戦いで、オーストリアは中立を維持した。サルデーニャの宰相カヴールは英仏側について参戦する。そのさい彼は、フランスのナポレオン三世から、ロンバルド＝ヴェネト獲得のための支援をとりつけていた。

　こうして一八五九年、オーストリア軍と、サルデーニャ・フランス連合軍のあいだで戦火が上がった。オーストリアは、ソルフェリーノ（ロンバルディア東部）での歴史的な激戦で大敗する。敗戦の結果オーストリアは、ロンバルディアを失った。オーストリアのイタリアからの撤退がはじまった。

　サルデーニャは、勢いに乗じて中部を合併、翌六〇年には南部イタリアを征服し、一八六一年にはイタリア王国を樹立した。

統一ドイツに加われず

　オーストリアの敗退は、プロイセンにとっては、「ドイツ連邦」における主導権をうかがう好機であった。ドイツ連邦は、ウィーン会議で結成されたが、両雄オーストリアとプロイセンとは並び立たず、互いにドイツ連邦内での主導権争いに没頭していた。

　これより先一八四八年、フランクフルト・アム・マインでドイツ国民議会が開かれ、将来ドイツ連邦が、立憲君主制の統一ドイツを樹立することで合意がなった。しかし、ドイツ統一にかんして、オーストリアの「大ドイツ」主義と、プロイセンの「小ドイツ」主義とが真っ向から対立した。

　オーストリアは、ウィーンを首都とする「大ドイツ」の実現に固執した。これに対してプロイセンは、オーストリアが不安定な多民族国家であるため、オーストリア抜きの「小ドイツ」を樹立し、オーストリアとは、たんに連邦関係を維持することをのぞんだ。プロイセンはこれによって、ドイツにおける主導権を、オーストリアから奪いとることを狙ったのである。

　大ドイツ主義と小ドイツ主義が、決着をつけるときがやがてくる。一八六六年、両国は、共同で戦った対デンマーク戦の戦後処理をめぐって戦争をひき起こした。プロイセンはこれより先、イタリアと秘密の同盟条約を結んでおり、プロイセン側にはイタリアがついた。

　オーストリアは、イタリアとの戦いではむしろ勝利をおさめた。しかしプロイセンとは、ケーニヒグレーツ（またはサドワ。現チェコ領内）の戦いで大敗した。プロイセン軍は、近代的に装備され、鉄血宰相ビスマルクのもと、名将モルトケが巧みな戦術を展開した。ことに撃針銃といわれるプロイセン軍の新兵器が威力を発揮した。それはオーストリアの旧式の小銃とくらべて、三倍の速度で射撃する性能をそなえていた。死者は、プロイセン軍の九〇〇〇人に対して、オーストリア・ザクセン連合軍は四万四〇〇〇人にも達した。

ケーニヒグレーツでの敗北は、オーストリアに致命的な結果をもたらした。プラハ条約によって、オーストリアは、ヴェネツィアを含むヴェネトをイタリアに譲渡した。これによってオーストリアの長年にわたるイタリア支配は終わった。またオーストリアは、「ドイツ連邦」から離脱し、プロイセンに主導権をゆずることになった。

翌一八六七年には、ドイツ連邦に代わって「北ドイツ連邦」がプロイセンのもとに設けられた。それはさらに一八七一年、普仏戦争で勝利をおさめたプロイセンによる「ドイツ帝国」樹立へと発展した。プロイセンによってドイツ統一が実現されたのである。こうしてオーストリアは、統一ドイツからも締め出されることになったのである。

かつて「神聖ローマ帝国」はナポレオンによって消滅させられた。いまやその帝国は、プロイセンによって、新たな形をとって事実上復活させられた。ここに誕生したドイツ帝国が、俗に「第二帝国」といわれる所以である。ちなみにヒトラー・ドイツをさして「第三帝国」と呼ぶのもここに起因する。

さてメッテルニヒは、オーストリアのヨーロッパ政策の基本は、つぎの二つの点にあると考えていた。第一は、ドイツ諸国の指導者たることであり、またイタリアでの覇権を確保することであった。第二は、リベラルなフランスと保守的なロシアとの間で、勢力の均衡を成立させ、それによってこれらの勢力を、中央ヨーロッパから排除することであった。

だがいまや状況は根本的に変化した。オーストリアは統一ドイツから除外され、イタリアからも撤退することになったのである。そしてそのことはまた、フランスとロシアとの勢力均衡のもとに、国の安全を確保することが困難となったことを意味した。そればかりではなかった。ドイツとイタリアという二つの統一国家が誕生して、民族国家樹立の夢が達成されたことにより、多民族国家であるオーストリアは、その存在理由をあらためて問われることになったのである。

ドイツ統一 1871年1月18日ヴェルサイユ宮殿で、ドイツ帝国の樹立が宣言され、プロイセンのもとに統一が達成された。オーストリアは統一ドイツから排除され、統一をめぐる両者の争いは前者の勝利で決着した。

8 多民族ドナウ帝国

ドナウ帝国　ハプスブルク帝国の領域は、ドナウ河を軸とし、カルパチア山脈からアドリア海にわたっていた。この広大な地域には、ドイツ人、ハンガリー人のほか、スラブ系、ラテン系、それにユダヤ人が住んでいた。
（オーストリア=ハンガリー帝国の地図。左上はハンガリー人、右上はガリツィア人、右下はダルマチア人。それぞれ民族衣装をまとっている。）

帝国の民族分布

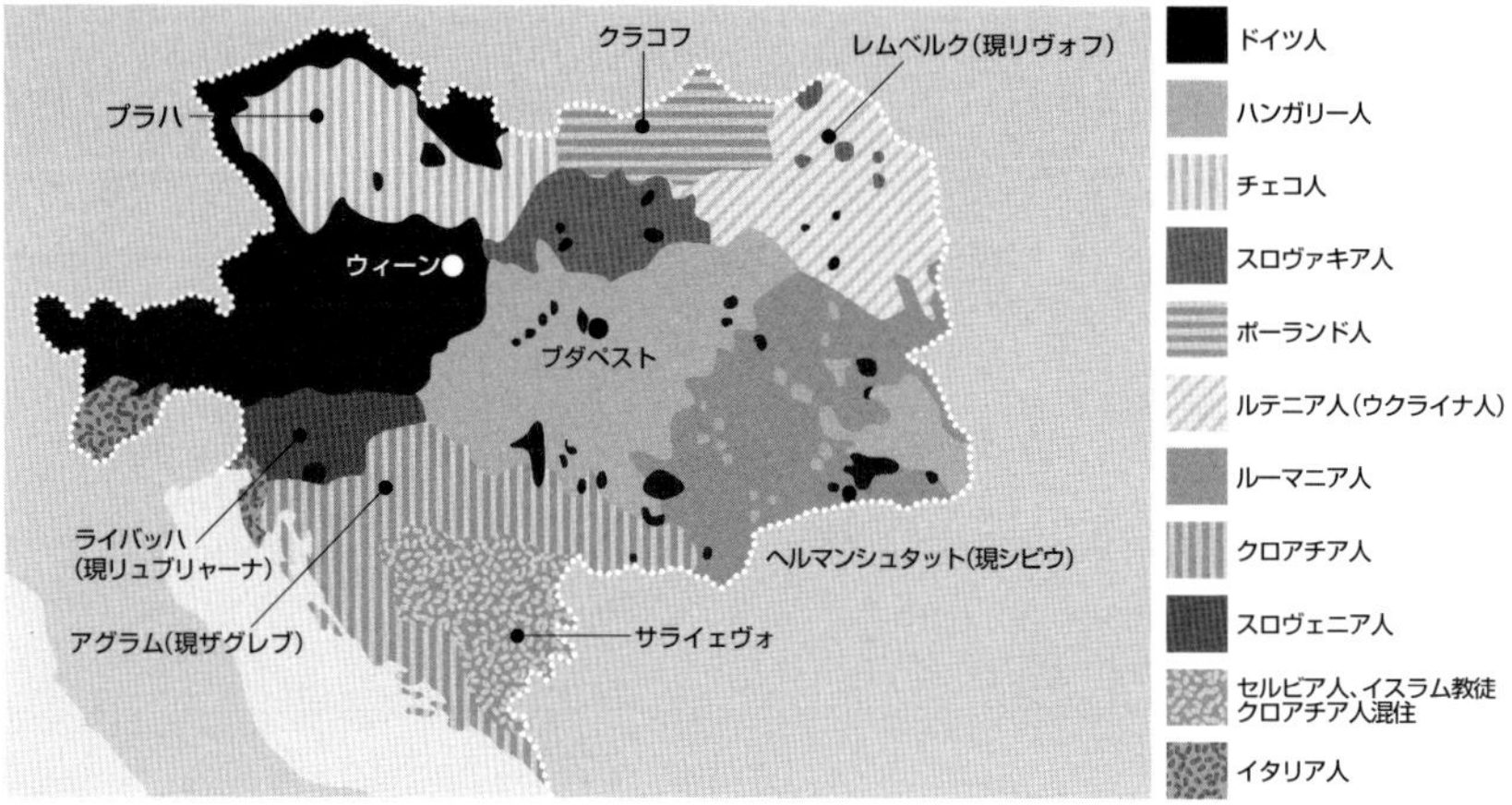

多民族・多言語国家

ハプスブルク帝国が、ソルフェリーノ（一八五九）とケーニヒグレーツ（一八六六）の二つの戦いで大敗したことは、国内に深刻なインパクトを与えることとなった。この国の最大の弱点である民族問題の表面化である。

当時のハプスブルク帝国は、主要民族だけでも一〇を超える多民族国家であった。

最大の民族集団はドイツ人であった。彼らは、今日のオーストリアのほか、ボヘミア（現チェコ西部）、バナト（現セルビア北部とルーマニア西部にわたる地帯）、ジーベンビュルゲン（現ルーマニア西北部のトランシルヴァニア）にも居住していた。中世いらい職人や農民として入植したドイツ人の子孫であった。最大の民族集団といっても、彼らは総人口のほぼ四分の一を占めるにすぎなかった。

ドイツ人のつぎに多いのはハンガリー人（マジャール人）で、およそ五分の一を占めていた。ハンガリー人につぐ民族集団としては、チェコ人・スロヴァキア人、クロアチア人・セルビア人、ポーランド人がいた。そのあとさらに、ルテニア人（ウクライナ人）、スロヴェニア人、ルーマニア人、イタリア人とつづいた（表および地図参照）。

これらの民族は、それぞれ彼らの言語をもっていた。したがってこの国ではまた、民族とほぼ同じ数の言語が使用されていた。

ハプスブルク帝国はまた、複雑な統治形態のもとにあった。

この帝国は、さまざまな種類の領土の集合体であった。まずハプスブルク家の「世襲領」があった。今日のオーストリアからクライン（現スロヴェニア）におよぶ地域がそれであった。つぎに「王国」があった。ハンガリー、ボヘミア、ガリツィア（現ポーランド南部）、ダルマチア（アドリア海沿岸地方、現クロアチア領）などは、いずれも王国であった。さきにイタリアへ譲渡されたロンバルド＝ヴェネトも、これらの王国の一つであった。

「世襲領」と「王国」のほかには、ジーベン

◉帝国の人口構成（1910年）

民族名	人口	総数に占める割合（%）
ドイツ人	12,000,000	23.9
ハンガリー人	10,100,000	20.2
チェコ人・スロヴァキア人	8,500,000	16.4
クロアチア人・セルビア人	5,200,000	10.3
ポーランド人	5,000,000	10.0
ルテニア人（ウクライナ人）	4,000,000	7.9
ルーマニア人	3,200,000	6.4
スロヴェニア人	1,300,000	2.6
イタリア人	1,000,000	2.0
合計	50,300,000	99.7

オーストリア=ハンガリー帝国

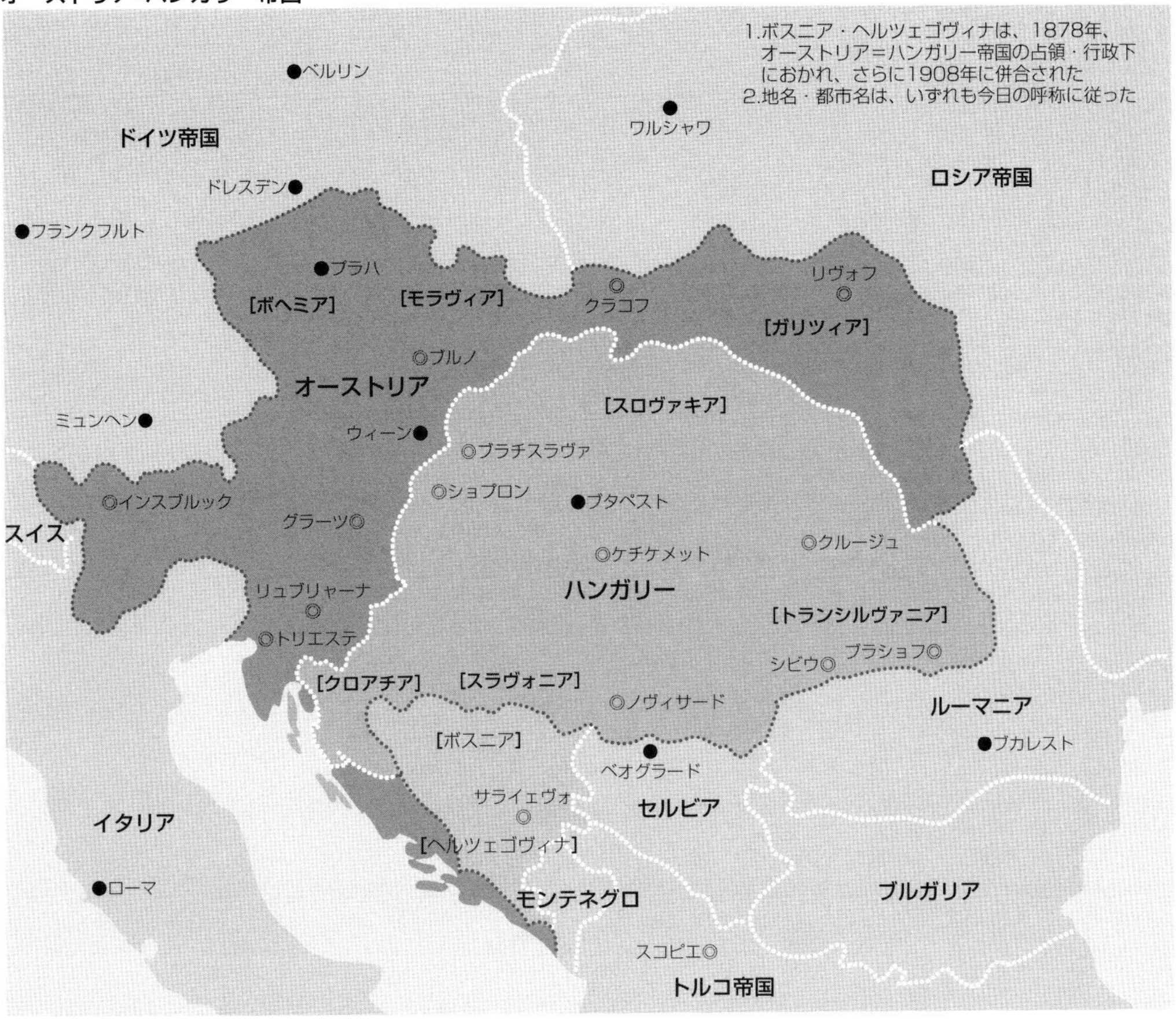

オーストリア=ハンガリー帝国　二重帝国の成立により、ハンガリー人は独立をほぼ達成する。しかしそれは同時にチェコ人の三重帝国実現への欲求を刺激することになった（黒の点線は発足当時の帝国国境）。

ビュルゲンなどの「大公国」、ブコヴィナ（北部は現ウクライナ領、南部はルーマニア領）などの「公国」、さらにはイストリア（現クロアチア領）などの「辺境伯領」があった。

　つまりハプスブルク帝国は、一九世紀後半になっても、少なくとも形の上では、中世以来の国家の仕組みをそのまま残していた。そして皇帝フランツ・ヨーゼフは、オーストリア皇帝の称号のほかに、これらの諸領の支配者の称号（国王とか大公などの）を、併せて称していたのである。

オーストリア＝ハンガリー帝国

　多民族国家ハプスブルク帝国の中で、もっとも民族独立運動が活発なのはハンガリーであった。一八四九年のハンガリー蜂起は、フランツ・ヨーゼフによって武力鎮圧されたものの、民族独立への欲求は高まる一方であった。一八五三年には、フランツ・ヨーゼフ帝が、ウィーン市の城壁のプロムナードを散歩中に、ナイフをもった一ハンガリー人に襲撃され、軽傷を負うという事件が起きた。

　しかし、プロイセンに敗れ、統一ドイツから排除され、イタリアからも駆逐されたオーストリアが、ドナウ帝国として生きていくためには、ハンガリーと協調の道をさぐらなければならなかった。ことにバルカンでは、ロシアが急速に勢力を拡大しつつあり、オーストリアとしても、これに備える必要に迫られていた。

このような状況のもとで、一八六七年、両国のあいだで「アウスグライヒ」（和解・均衡を意味するドイツ語）が成立し、ハンガリーは歴史的な悲願であった独立をほぼ達成する。

アウスグライヒによりハンガリーは、オーストリアと平等な君主国として、「二重帝国」を形成することになった。新しい国家の正式名称は「オーストリア＝ハンガリー帝国」（厳密には「君主国」と訳すべきだが、一般には「帝国」

フランツ・ヨーゼフ帝暗殺未遂事件　1853年2月18日、ウィーン市壁のプロムナードを散歩していた皇帝は、突然暴漢に襲われた。幸い一命をとりとめたが、この事件で市壁の撤去を決意したという。

と称されている）とされ、オーストリア皇帝がハンガリー国王を兼ねることになった。

両国は、それぞれの首相のもとに内閣を組織し、独自の議会をもつことになった。ただ外交と防衛と財政の三分野は、各議会から同数の議員で構成される代表によって協議することとし、両国共通の省の管轄のもとにおかれた。その他の分野はすべて、両国それぞれの省が担当することとされた。

帝国は、ドナウ河の支流ライタ川を境に、北西の「内ライタ地域」（オーストリア）と、東南の「外ライタ地域」（ハンガリー）の二つの行

ブダペスト王宮　トルコの支配下で旧王宮が廃墟に帰したあと、18世紀後半マリア・テレジアによって建築された。前世紀末から今世紀初めにかけてさらに拡張。第2次世界大戦中破壊されたが80年代に復旧をみた。

政地域に分けられた。前者には、今日のオーストリアのほか、ボヘミア、モラヴィア、ガリツィア、ブコヴィナ、イストリア、スロヴェニア、ダルマチアなどが、後者には、今日のハンガリーのほか、クロアチア、ヴォイヴォディナ、バナト、ジーベンビュルゲン、スロヴァキアなどが属していた（79頁の地図参照）。

スラブ・ナショナリズム

しかし二重帝国の樹立は、他の民族を犠牲にして行われたのであった。それは、ハンガ

ハンガリー国会議事堂　ブダペストを貫流するドナウ河に沿って建つ。ネオ・ゴチックの華麗な建物。17年の歳月をかけて1902年に完成した。設計者はハンガリーの建築家シュテインドル・イムレ。

ボヘミア風景　ボヘミア南部のブートヴァイスの近郊。この町は、中世以来商工業都市として栄え、今世紀はじめ人口は3万（チェコ人60%、ドイツ人40%）。ビールの名産地。現名チェスケー・ブディエヨヴィツェ。

パラツキー　チェコの歴史家・政治家。1848年革命まで彼は、オーストリア内でのチェコ人自治を主張する「オーストリア・スラブ主義者」であったが、67年「二重帝国」成立いらい独立をめざすようになった。

リー人にドイツ人並みの優越的地位をあたえた結果、他の民族、ことにスラブ系のチェコ人、クロアチア人、ポーランド人に不満を与え、彼らのナショナリズムを刺激することになった。なかでもチェコ人は、ハンガリー人同様の独立を獲得することを、つよく要求するようになった。

ボヘミアは、すでにのべたように、かつては神聖ローマ皇帝の地位を占め、栄華を誇った王国時代があった。一五世紀のフスによる宗教改革は、チェコ人の民族的自覚を高めたが、一七世紀の三〇年戦争でボヘミアの新教徒はカトリックのハプスブルクに屈するという苦い過去ももっていた。しかし、マリア・テレジアの時代に、資源の豊かなシュレージエンが失われてから、ボヘミアはそれに代わる産業の中心としての役割を担ってきた。こうした経済の発展にも支えられて、ボヘミアでは、民族意識が急速に高まりつつあったのである。

ボヘミアではもともと、各民族が完全に平等な連邦の実現をのぞんでいた。「オーストリア・スラブ主義」といわれるのがそれである。政治家であり歴史家であったフランチシェク・パラツキー（一七九八～一八七六）が、その運動の指導者であった。

パラツキーは、ドイツとロシアという二大強国にはさまれたドナウ諸民族が生きていくためには、オーストリアの存在が不可欠であると考えていた。彼は一八四八年に「かりにオーストリアが、とっくになくなっていたとするならば、我々は、ヨーロッパとヒューマニズムのため、急いでそれを作らねばならぬ」とのべた。しかし彼は、現に存在するハプスブルク帝国に満足していたのではなかった。諸民族平等の連邦国家オーストリアを理想像として描いていたのである。

だがいまや、彼の期待に反して二重帝国が成立した。パラツキーは、その誕生を目前にひかえた一八六五年、もはやオーストリアにはなんの幻想も抱かないことを明らかにした。彼は「我々（スラブ人）はオーストリアよりも以前から存在していたのであり、オーストリアがなくなった後も、いぜんとして存在するであろう」とのべた。

二重帝国の誕生に抗議して、チェコ人はウィーンの帝国議会をボイコットした。フランツ・ヨーゼフのプラハ訪問も、チェコ市民からは冷たくあしらわれた。こうした情勢の中で、一八七一年オーストリア政府は、ハンガリーと同様な「アウスグライヒ」を、ボヘミアに対しても用意した。これが実現すれば、オーストリア＝ハンガリー帝国は、チェコ人を加えた三重帝国へと再編されるはずであった。だが自らの特権を失うことをおそれるドイツ人とハンガリー人の反対で、この案は流産に追いこまれた。
　しかしチェコ人のナショナリズムは強まる一方であった。一八七九年、フランツ・ヨーゼフの命により、エドヴァルト・ターフェ（一八三三〜九五）は新内閣を組織した。彼は、ドイツ人とチェコ人との関係を改善する任務を与えられていた。ターフェは八二年、チェコ語を公用語とする言語令を発布した。これによりチェコ語は、行政上ドイツ語と同等の地位を獲得した。この年にはまた、プラハのカール（カレル）大学も、ドイツ語とチェコ語の大学に分割された。八三年には、ボヘミアの州議会でチェコ人が、ドイツ人を押さえて多数を占めるにいたった。

　チェコ人のナショナリズムの高揚は、一方で、活発な文化活動をもたらすことになった。今日もプラハのヴルタヴァ（モルダウ）河畔に威容を誇る国民劇場は、彼らのナショナリズムの結晶であった。

　市民は、劇場建設の募金集めに奔走した。ボヘミアの歴史ゆかりの地から礎石をあつめ、一八六八年、パラツキーとベドジフ・スメタナ（一八二四〜八四）のもとに定礎式が行われた。建築家ヨーゼフ・ジーテク（一八三二〜一九〇九）らボヘミア最高の芸術家たちが心血を注ぎ、劇場は一八八一年に完成する。だがまもなく火災にあい、八三年にスメタナの歌劇『リブシェ』とともに再度落成式を行うと

スメタナ　チェコ人作曲家。オペラ『売られた花嫁』、交響詩『わが祖国』など、彼の作曲は、独立への情熱と祖国への愛に貫かれている。ドイツともロシアとも異なるチェコ国民音楽の創始者である。

プラハの国民劇場　1881年チェコ人は、草の根の募金活動を通じて、プラハのヴルタヴァ河畔に豪華な国民劇場を完成させた。それは彼らのナショナリズムの結晶であり、「二重帝国」に対する抗議の象徴でもあった。

19世紀のプラハ　1867年のオーストリア=ハンガリー帝国の誕生は、チェコ人のナショナリズムを刺激した。彼らはハンガリー人同様の権利獲得を強く要求、「三重帝国」の実現に期待をかけるようになった。

いうエピソードをもつ。

バルカンでロシアと対立

オーストリア＝ハンガリー帝国（以下とくに必要のないかぎり、オーストリア、またはハプスブルク帝国と略称する）は、国内で諸民族のナショナリズムの高まりに直面させられていただけではなかった。国外でもバルカンにおいて、新たな挑戦に立たされつつあったのである。

統一ドイツから締め出され、イタリアから撤退したあと、オーストリアに残された唯一の活路はバルカンであった。だがバルカンではすでに、南下政策をとるロシアが、着々と勢力を拡大し、エーゲ海やアドリア海をめざしていた。

ロシアのバルカン進出を容易ならしめたのは、オスマン・トルコのバルカンからの撤退であった。五〇〇年近くバルカンを支配してきたトルコ帝国も、この頃には衰勢の一途をたどっていた。彼らのバルカン支配は、一六八三年のウィーン攻略失敗のあと、ハプスブルクの巻き返しで退潮へと向かっていた。ロシアはそれに乗じて、一八世紀後半のエカチェリーナ女帝時代から、トルコとしばしば戦いを交えつつ、バルカンに向かって勢力範囲を拡大していった。

一方トルコのバルカン後退は、その支配下にあったバルカン諸民族にとっては、独立達成のチャンスであった。ロシアの進出は、これらの独立運動にはずみを与えた。バルカン諸民族で、最初にトルコから自治を獲得したのはセルビア人であった（一八三〇）。ついでルーマニア人が（一八五六）、さらにブルガリア人がそれぞれ自治を達成した（一八七八）。これらの民族自立は、たまたま勃発したロシアとトルコとの戦争に乗じ、ロシアの支援のもとに実現されたものであった。

しかし、露土戦争の結果、ブルガリアの自治を決めたサン・ステファノ条約によって、オーストリアは、ロシアによって足元を脅かされることになった。ロシアが、バルカンの心臓部に、エーゲ海までひろがる大ブルガリアを樹立し、それを自らの保護国としようとしたからである。オーストリアは、イギリスとともに強硬にこの条約に反対した。

エカチェリーナ2世　女帝は18世紀後半、正教諸国の親ロシア感情を利用して、バルカンへの南下政策をとりはじめた。19世紀になると、ロシアは「汎スラブ主義」を武器に積極的にバルカン進出をはかった。

ベルリン会議　ロシアは1878年のサン・ステファノ条約で、大ブルガリアを建設し、バルカン支配の足場にしようとした。この条約は同じ年ベルリン会議で修正され、ロシアの野心は頓挫させられた。中央は宰相ビスマルク。

これに決着をつけるため、一八七八年ドイツの宰相ビスマルクの仲介でベルリン会議が開かれる。その結果、ブルガリアの領土は大幅に縮小され、ロシアのバルカンへの南下政策は、頓挫させられた。しかしこの会議で、親露的なセルビアとモンテネグロの独立が承認され、セルビアは南に向かって大きく領土を拡大した。

ボスニアを占領するオーストリア軍　ベルリン会議の決定にしたがって、オーストリア軍は、1878年8月ボスニアのヤイツェを占領した。10月にはボスニア・ヘルツェゴヴィナ全土を占領した。

ボスニア・ヘルツェゴヴィナを占領

このベルリン会議で、ロシアの野心はひとまず挫かれるが、他方で、オーストリアには、バルカン進出の道が大きく開かれることになった。

すなわちこの会議で、オーストリアは、トルコ領のボスニア・ヘルツェゴヴィナを占領、行政下におき、さらに隣接のサンジャック地方に守備隊を駐屯させる権利を獲得した。これによってオーストリアは、ちょうどくさびを打ちこむような形で、内陸国のセルビアと、アドリア海にのぞむモンテネグロの間を分断することになった。つまり、セルビアとその支援国のロシアが、アドリア海への出口を獲得するのを阻止することになったのである〔地図参照〕。

オーストリアはこうして、バルカンでのロシアの脅威に対抗したが、その一方でボスニア・ヘルツェゴヴィナという、バルカンでもとりわけ民族が複雑に錯綜する地域とかかわり合うことになった。

ボスニア・ヘルツェゴヴィナは、中世にはそれぞれ王国を形成していたが、この地はあ

ベルリン会議（1878）直後のバルカン

ベルリン会議後のバルカン　会議では、バルカン支配を狙ったロシアの野心が挫かれた。その一方でオーストリアは、ボスニア・ヘルツェゴヴィナ占領が認められ、バルカン進出の機会をつかんだ。

ボスニア・ヘルツェゴヴィナ代表　フランツ・ヨーゼフ皇帝の接見にのぞむ代表たち。ボスニア・ヘルツェゴヴィナが、正教徒、イスラム教徒、カトリック教徒と、宗教的・人種的に複雑な地域であることが示されている。

らゆる意味で東西の接点であった。古くは東西ローマ帝国の境がここを走っていた。ここでは西方のカトリックを信じるクロアチア人と、東方の正教の信徒たるセルビア人とが混じって住んでいた。しかし東西のはざまにあるがゆえに、この地は両宗教の激しい布教争いの場となった。このため多くの人々は、ブルガリアから伝えられたボゴミル教に救いを求めた。

オスマン・トルコのバルカン征服とともに、ボスニア、ヘルツェゴヴィナ両王国は、一五世紀後半、ともにトルコの支配下に入る。それとともにこの地のボゴミルの信者は、支配者のイスラム教へと改宗した。ボゴミルとイスラム両教の共通性が改宗を容易にしたとも、貴族や農民が改宗に利益を見出したためともいわれる。

こうしてボスニア・ヘルツェゴヴィナでは、ほかのトルコ支配下のバルカン諸国には例をみないほど、広くイスラム化が進んだ。イスラム教とともに、言語から日常生活にいたるまでトルコ文化が浸透した。

だがいまや、ボスニア・ヘルツェゴヴィナには、トルコに代わって、オーストリアが支配者として登場することになったのである。それは、この地がふたたび、東西の対立勢力の争いの場となることを意味した。西のオーストリアと、東のセルビアおよびそれを支援するロシアである。

セルビアは、一四世紀前半ステファン・ドゥシャンのもと、バルカンを支配する大帝国を樹立した輝かしい過去をもっていた。また彼らは、五世紀にわたったトルコ支配に対し、最初に反抗ののろしを上げ、民族独立を達成した。したがって彼らには、バルカン諸民族の指導者をもって任じる強烈な自負があった。ことに当時ハプスブルクの支配下にあった同じ南スラブのクロアチア人やスロヴェニア人に対しては、当然のことながら抜きがたい優越感を抱いていた。

彼らのナショナリズムは、やがて「大セルビア主義」へと発展する。国外に居住するセ

ボゴミル教徒の墓　中世にトルコがボスニア・ヘルツェゴヴィナを征服すると、この地のイスラム化は急速に進んだ。それまで東方の異教ボゴミル教の信者であった住民の多くが、イスラム教に改宗したためといわれる。

モスタル　ヘルツェゴヴィナの都モスタルを描いた当時の風景画。今回のボスニア内戦が勃発する前までは、この絵さながらの美しい町であった。しかし1993年11月9日、町の象徴となっていたアーチ型の石橋が、戦火をうけて無残にも破壊された。

ボスニアの民族衣装　ボスニア・ヘルツェゴヴィナの住民のルーツは、もともとセルビア人かクロアチア人であったが、イスラムへ改宗した住民は、固有の民族グループとして発展することになった。

ルビア人を統合することによって「大セルビア」を建設しようという運動である。そしてその主たる対象は、セルビア人正教徒が住民の四割あまりを占めるボスニア・ヘルツェゴヴィナであった。こうしてオーストリアは、ボスニア・ヘルツェゴヴィナを舞台に、セルビア人と真っ向から対立するにいたった。

このような情勢が、やがて第一次世界大戦を招くことになるが、それにうつるまえに、ここで当時の首都ウィーンの状況を一瞥しておくことにしよう。

9 夢の都ウィーン

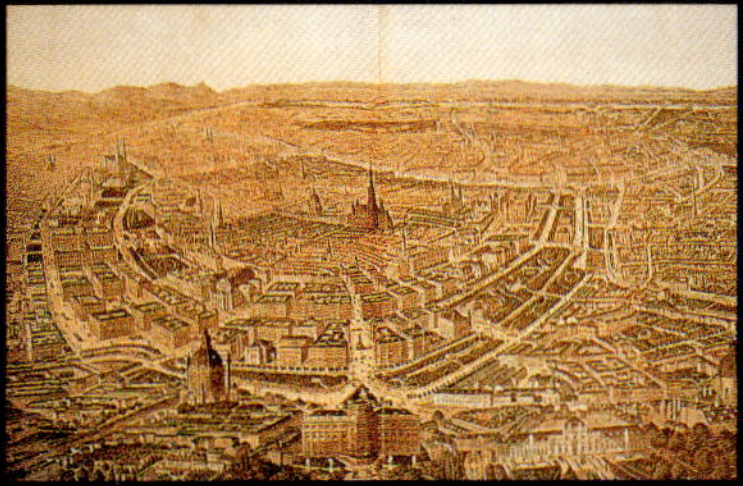

都市改造下のウィーン　中世の市壁が取り払われ、リング・シュトラーセ（環状通り）周辺が、その輪郭を現しはじめた1873年頃のウィーン中心部。早々と完成した国立オペラ劇場が中央にみえる。

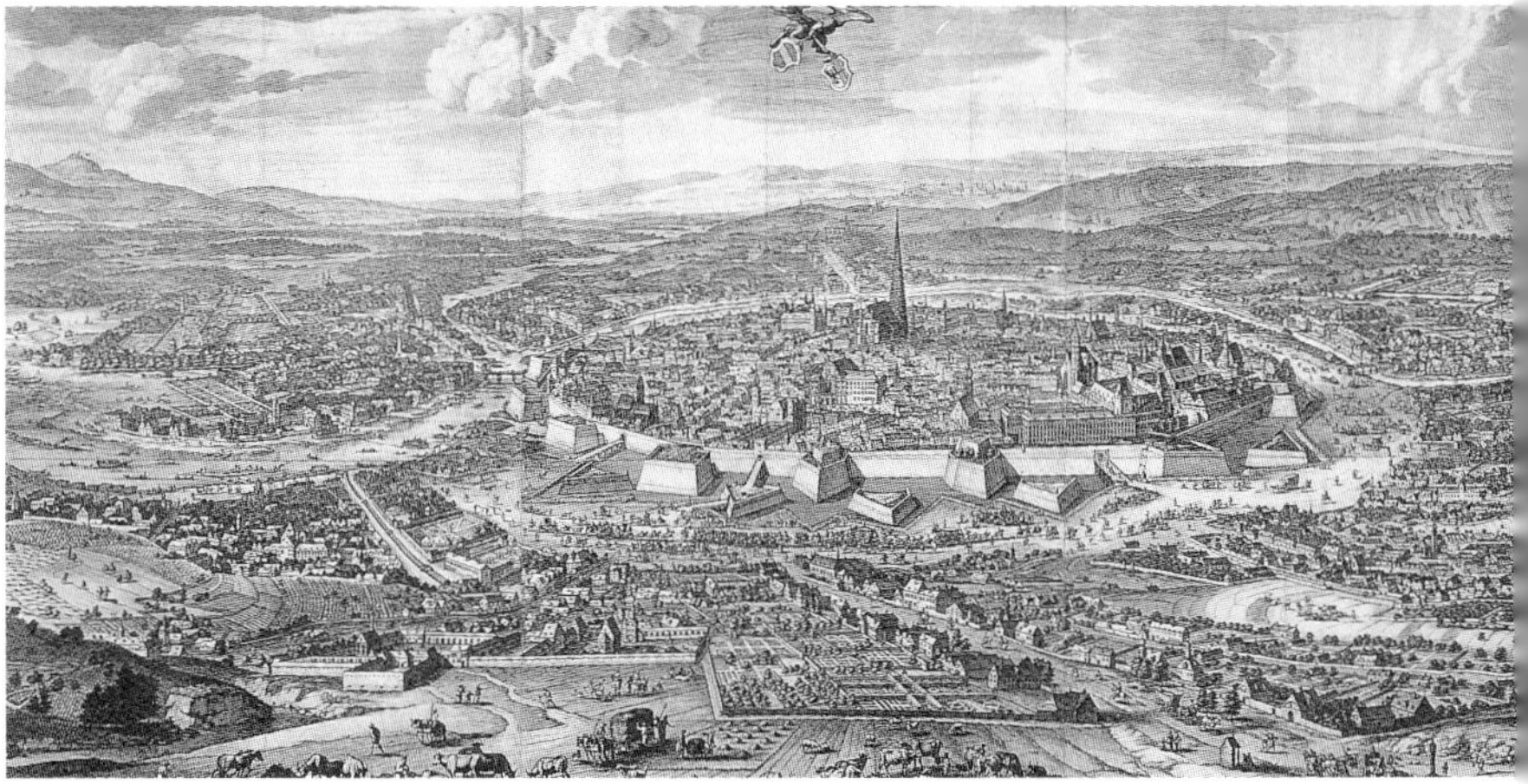

城塞都市ウィーン　ウィーンは、中世いらい城壁で固められ、トルコの脅威に対するヨーロッパの最前線都市の役割を果たしてきた。まるで要塞を思わせるこの景観は、19世紀半ばまで変わらなかった。

帝都大改造

以上のような状況が進んでいる一方で、帝国の首都ウィーンは、ヨーロッパでもめずらしい画期的な都市改造を経験しつつあった。

その始まりは、一八五七年の暮、フランツ・ヨーゼフ帝が即位一〇年目に出した、ウィーンの市域拡大と改修美化にかんする勅令であった。皇帝には、首都近代化をはかると同時に、ハプスブルク帝国の国力を内外に誇示しようという意図があった。

大帝国の首都とはいえ、この頃のウィーンの規模は、その昔オスマン・トルコ軍が、攻め上ってきた頃と大して変わっていなかった。町全体が、中世いらいの頑丈な城壁で周りを囲まれていた。その外側には堀がめぐらされ、さらにその先には帯状の空き地が広がっていた。今日市内にあるシェーンブルン宮殿やベルヴェデーレ宮殿も、当時は、夏の離宮としてこの城壁の外に建っていたのである。

まるで要塞のようなこの都は、一時間も歩けば抜けてしまうほどの大きさであった。ほぼ六角形をなすこの狭い地域に、王宮や政府官庁や市役所があり、大学や劇場があった。シュテファン大寺院をはじめ教会や、王侯・貴族の館が街をかざっていた。目抜きのケルントナー通りやグラーベンには、老舗や高級店が軒をならべ、アム・ホーフなどの広場には、近郊の農民が荷車をひいて集まり、市場が立ってにぎわっていた。狭い路地を、辻馬車がせわしげに行き交っていた。

だがかつてはトルコの大軍からこの都を守った城壁も、いまや無用の長物と化した。市壁の上は、市民の散歩道となっていた。しかも産業革命と鉄道網の発達で、経済の発展はめざましく、ウィーンの人口は増加の一途をたどっていた。一八五〇年ウィーンの人口は、世紀の初めにくらべて四〇万へと倍増し、深刻な住宅難に悩まされるようになった。もはや首都を、中世さながらの城壁に閉じ込めて

産業革命　オーストリアの産業革命は、すでに「3月前期」（ウィーン革命以前）に始まっていた。工業化にともなって都市への人口流入が急増した。労働者の賃金は低く、彼らの生活状態はみじめであった。

ウィーンに鉄道第1号　1837年イギリス製の蒸気機関車がウィーンにお目みえした。オーストリアの鉄道第1号である。このあとクラコフ、ブダペスト、トリエステの帝国各都市に向けて鉄道網が急速にのびていった。

おくことは不可能となりつつあった。

フランツ・ヨーゼフの勅令をうけて、ウィーンは大規模な改造工事に着手した。一八五八年三月、ローテンブルク砦に最初のはっぱがかけられ、市壁の取り壊しが始まった（地図参照）。それは、ウィーン市民にとってはまさに一生に一度の大事件であった。ヨハン・シュトラウス（息子）は、『取り壊しポルカ』（一八六二年初演）を世に送る。

市壁の跡には、旧市街の周りをぐるりと囲むようにして、リング・シュトラーセ（環状通り）が出現した。美しい並木が走るこの大通りに沿って、公園や広場が設けられ、粋を凝らした公共建築物があいついで建てられた。こうしてウィーンは、近代的な帝都へとその装いを一変することになった。

ウィーン都市改造

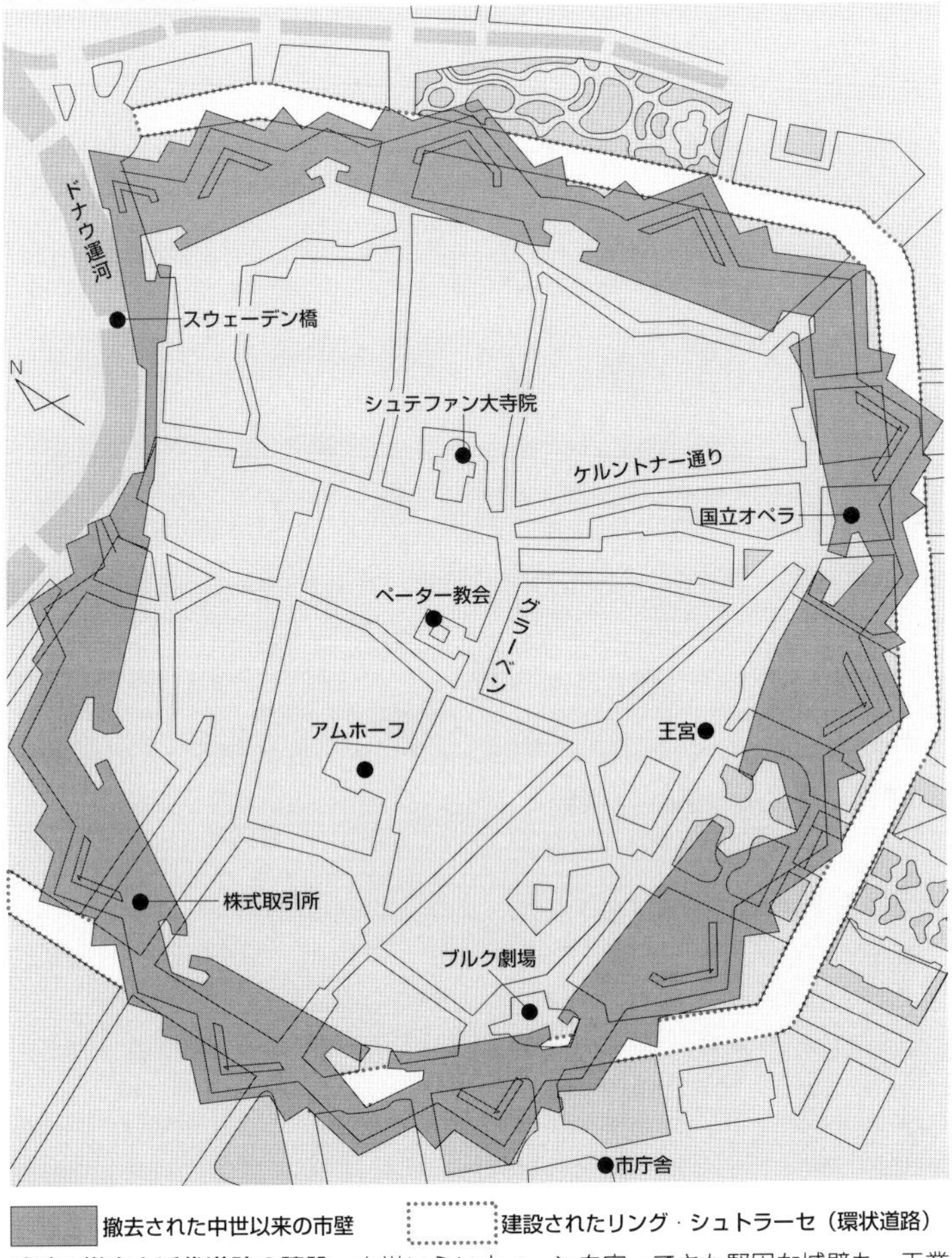

城壁の撤去と近代道路の建設　中世いらいウィーンを守ってきた堅固な城壁も、工業化時代の到来と、都市への人口集中の結果、無用の長物と化した。城壁の撤去と、近代的な環状道路の建設が計画された。

リング・シュトラーセ

一八六五年五月、リング・シュトラーセ開通の式典が、フランツ・ヨーゼフ帝の臨席のもとで盛大に行われた。しかし当時はまだ、ただだっ広い大通りが完成しただけで、市民たちは、皇帝が都にかける夢をつかみかねていた。

この通りを中心に、我々が今日見るようなリング・シュトラーセの景観が実現されるのは、この開通式のあと世紀末にかけてのことである。まず最初に姿をあらわしたのは、一八六九年モーツァルトの『ドン・ジョヴァンニ』でこけらおとしをしたオペラ劇場であった。そしてそのあと、フォティーフ教会（一八七九）、帝国議会（一八八三）、ウィーン市庁舎（一八八三）、ウィーン大学（一八八五）、ブルク劇場（一八八八）、美術史博物館（一八九一）と、あいついでリング・シュトラーセの景観を形成していった。

そうじてこれらの建築物は帝都に威観を備えるため壮大さを競った。ゴットフリート・ゼンパー（一八〇三～七九）やテオフィル・ハンセン（一八一三～九一）ら、のちに「リング・シュトラーセ建築家」と呼ばれる一流の建築家たちは、あるいはギリシャ神殿風の古典様式を、あるいは中世寺院を思わせるゴチック様式を、あるいはまたイタリア風のルネサンス様式を模して腕を振るった。「歴史主義」と呼ばれる建築様式である。それらは、くすんだバロックの街を、燦然と輝く近代都市へとよみがえらせた。

完成したリング・シュトラーセは、やがて裕福な市民たちの散歩道となる。通りは、当時ウィーンの上流階級をとりこにしたマカル

リング・シュトラーセ開通式　1865年5月10日、フランツ・ヨーゼフ皇帝臨席のもとに、幅57m、全長6.5kmのリングの開通式が行われた。道路の両側では、未曽有の建築ラッシュが進行中であった。

国立オペラ劇場　8年かけて1869年、最初のリング建築として完成した。ヴェネツィア宮殿風のルネサンス様式。第2次世界大戦中破壊されたが、外観は原型通りに復旧され、1955年11月再開された。

オペラ劇場に35の設計プラン　リングのシンボルともいうべきオペラ劇場の建設にあたっては、一般公募が行われ、35のプランが寄せられた。図はその1つ、カール・フォン・ハーゼナウアーによるプラン。

オーストリア帝国議事堂　10年かけて1883年に完成。設計者はデンマーク人建築家ハンセン。ギリシャ古典様式の優美な建物は、前面の「アテナの泉」とともに、リングではひときわ輝いて人々を魅了する。

ウィーン市庁舎　11年かけて1883年に完成。設計者はフリードリヒ・フォン・シュミット。重厚なネオ・ゴチック様式をとっているが、繊細なアーチの装飾が、建物全体に華やかな粧いを与えている。

ジルク・エッケ　完成したリングは市民たちの散歩道となった。高級モード店ジルクの界隈は、「ジルク・エッケ」と呼ばれて、着飾った紳士淑女が行き交いし、街頭ファッション・ショウの観を呈していた。

地下水道のホームレス　工業の発展とともに、ウィーンの人口は猛烈なテンポで増加した。その結果、市は深刻な住宅不足に見舞われ、地下水道や橋桁は、ホームレスのねぐらと化していった。

ヴィクトル・アドラー　オーストリア社会民主党の創始者。ブルジョワの家庭に生まれ、医師として世に出たが、都市労働者の惨状を知るにおよんで、マルクス、エンゲルスの影響のもとに社会主義者となった。

ゼンパーのリング構想　ゼンパーによる豪壮な「皇帝広場」プラン。しかしフランツ・ヨーゼフ帝の反対で、2つの博物館（手前左の自然史博物館と右の美術史博物館）の建設が実現したにすぎなかった。

ゼンパー（左）**とハンセン**　代表的なリング・シュトラーセ建築家。ゼンパーはハンブルク、ハンセンはコペンハーゲンの出身。ウィーンの大規模な都市改造には、欧州の各地から、一流の才能たちが集められたのであった。

ジッカルズブルク（左）**とニュル**　国立オペラ劇場の設計者。しかし、完成を1年後にひかえながら、皇帝が正面階段が低すぎるのに不満との噂を耳にして、ニュルは自殺、ジッカルズブルクも心臓発作で急死する。

ト・ファッションで彩られた。華美な装飾と色彩を追求したマカルトは、彼らの気分にぴったりであった。高級モード店「ジルク」の一角は、この都大路でもことに人々の好んで集うところとなった。リング・シュトラーセにみるかぎり、ウィーンはまさに花の都であり、夢の都であった。

だがこうしたまばゆいばかりのリング・シュトラーセのかげには、貧しい下層市民の生活がかくされていた。大規模な帝都改造にもかかわらず、彼らのみじめな住宅事情はいっこうに改善されなかった。ボヘミアやクロアチアなど、帝国の各地からウィーンに職を求めて流れこむ人々が、こうした住宅事情をさらに悪化させた。地下室や倉庫は彼らの住処となり、ホームレスは地下水道にたむろして、深刻な社会問題となっていくのであった。

一八八九年には、ヴィクトル・アドラー（一八五二〜一九一八）によって、マルクス主義政党のオーストリア社会民主党が結成された。

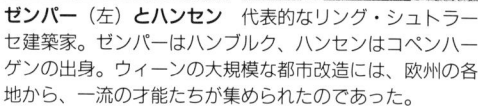

バブル崩壊

リング・シュトラーセの建設は、内憂外患、波瀾万丈の時代に行われていたのである。しかも、威信を誇示しようというフランツ・ヨーゼフの野心にもかかわらず、この時代に帝国の国力が著しい低下を来していたことは、

ウィーン万博　1873年5月1日から11月2日まで、ウィーン万国博覧会が開かれた。参加国は日本も含めて44カ国。この間の入場者は725万人、1日平均3万9千人を数えた。日本が展示した大提灯、金の鯱、美術工芸品、それに屋外の日本庭園が人々を魅了し、驚嘆の的となった。

株式大暴落　ウィーン万博が開催されてから間もなく、5月8〜9日（金曜日）にウィーン株式市場は大暴落した。ことに中小企業や市民投資家への打撃は大きく、彼らを反ユダヤ主義へと走らせる原因になった。

疑うべくもなかった。

皇帝が首都改造計画を発表したのは一八五七年であったが、すでにのべたように、その二年後にソルフェリーノの戦いで大敗した。リング・シュトラーセの開通式は一八六五年に行われたが、その翌年にはケーニヒグレーツで壊滅的な敗北を喫した。さらに翌々一八六七年には、ハンガリーに妥協して二重帝国を形成する。つまりハプスブルク帝国はこの間に、北イタリアを失い、統一ドイツから閉めだされ、さらにはハンガリーの独立を認めるというふうに、挫折と後退をかさねていたのである。

この後にやってきたのが、一八七三年の株式大暴落であった。バブルの崩壊である。

リング・シュトラーセの建築ブームは、バブル景気の追い風の中で行われていたのである。この景気は、一八七一年プロイセンが、対仏戦争に勝利をおさめてドイツ統一を達成するとともに始まった。ドイツが、フランスから賠償金として獲得した五〇億フランの大金が、ベルリンからウィーンにも流れこんだのである。この金をあてこんで人々は投機に走った。「泡沫会社設立時代」である。一攫千金を夢みる市民は株式市場に殺到し、株価は連日値上がりをつづけていた。

たまたま一八七三年五月一日、プラーター公園で、ウィーン万国博覧会が、フランツ・

ヨーゼフ臨席のもとにオープンした。万博はすでにロンドンやパリでも開かれた。開催国は、万博を通じて経済力と文化の水準を誇った。もちろんフランツ・ヨーゼフも、この万博を国威回復のチャンスとみた。帝国は経済ブームにわき、リング・シュトラーセでは建設ラッシュがつづいていた。彼は「ヨーロッパの平和には一点の曇りもない。オーストリアは、あらゆる方向にむけてすばらしい飛躍をつづけている」と挨拶した。

だがその一週間後の五月八日から九日にかけて、ウィーン株式市場は大暴落に見舞われる。八つの銀行が破産し、四〇の銀行が清算に追いこまれた。多くの市民投資家がこの巻きぞえとなり、絶望から自ら命を絶つ人々があいついだ。

こうしてブームは終わりを告げた。このバブル崩壊で、産業革命いらい、市民階級を基盤に育ってきたリベラリズムは打撃をうける。そしてその一方で、反ユダヤ主義とドイツ民族主義が台頭するにいたるのである。

株式市場の大暴落で、ことに損害をこうむった中産階級のあいだで、反ユダヤ主義が急激に強まった。人々は、バブルの崩壊をユダヤ人のせいにし、「ユダヤ資本主義」「ユダヤ拝金主義」に非難の鋒先を向けた。

ウィーンのユダヤ人　1900年のウィーンの人口は170万、そのうちユダヤ人はおよそ９％にあたる15万人を数えた。帝国のほかの大都市でも、プラハでは９％を超え、ブダペストにいたっては24%にも達していた。

ウィーン市長ルエガー　彼は、大衆を組織しその支持を基盤に登場した、当時としては全く新しいタイプの政治家であった。市政で抜群の功績をあげたが、反ユダヤ主義をかかげるデマゴーグでもあった。

反ユダヤ主義

もともとハプスブルク帝国では、ユダヤ人に対しては寛大な政策がとられてきた。ブコヴィナ（現在その北部はウクライナ、南部はルーマニア領）では、すでにローマ時代からユダヤ人商人が住んでいた。一二世紀から一三世紀にかけて、この地にスペイン、フランス、ドイツから、ユダヤ移民や難民が流入する。さらに一四世紀から一五世紀になると、ハンガリー、ポーランド、ロシア系のユダヤ人も移り住んだ。ブコヴィナに隣接するガリツィア（現ポーランド領）にも、多くのユダヤ人が住んでいた。

彼らの帝国内における社会的地位は、時代とともに改善されていった。すでにのべたように、ヨーゼフ二世の改革によってユダヤ人の解放が行われた。一八四九年には、ユダヤ人にも大学教育をうける権利が認められた。さらに一八六七年には、居住の自由、土地所有や企業経営が認められ、大学教授、医師、法律家、高級官吏への道もひろく開かれたのである。こうして一九世紀後半には、ユダヤ人でブルジョワ階級へと進出するものが多くなってきた。

株式大暴落をきっかけに高まってきたユダヤ人非難は、このようなユダヤ人ブルジョワ階級に向けられた。そうした社会的風潮にのって登場したのは、反ユダヤ主義政治家カール・ルエガー（一八四四～一九一〇）であった。一八七五年に市議会議員に選ばれた彼は、九三年「キリスト教社会党」を組織した。この新党は、ユダヤ資本主義反対のスローガンをかかげ、下層の中産階級に訴えてみるみる勢力を拡大した。

　ルエガーは、一八九五年ウィーン市長に選ばれる。さすがフランツ・ヨーゼフも、ルエガーの反ユダヤ主義を警戒した。彼は市長への任命をしばらく拒んでいたが、結局は同意せざるをえなかった。ルエガーには、そのハンサムな風貌にもたすけられて、カリスマ的な人気があった。熱狂する市民のあいだで、「ルエガー万歳！　いざ歌わん、心のそこから響かせん」という流行歌がはやった。彼はガス事業に力を入れ、市電を通すなど、市政で大いに腕をふるった。今日我々がみるように、ウィーンが緑地や空間に恵まれているのも、ルエガーの政策によるところが大きい。

シェーネラー　反カトリック（＝反オーストリア）、反ユダヤを唱えた過激なドイツ民族主義者。彼は、ハプスブルク帝国を解体し、その中ドイツ人が圧倒的に多いオーストリアを、ドイツ帝国に合併することを主張した。

ヒトラーへの影響

　反ユダヤ主義は、ドイツ民族主義へと通じる。ルエガーとならんでこの頃ウィーンで活躍したゲオルク・フォン・シェーネラー（一八四二～一九二一）は、過激なドイツ民族主義をとなえる政治家の一人であった。

　シェーネラーは、一八九〇年に「汎ドイツ党」を結成した。さらに、九九年には『オーストリアの崩壊と再建』というパンフレットを著して注目をあつめた。

　彼はこのなかで、ハプスブルク帝国の解体を主張した。帝国の非ドイツ人地域をオーストリアから分離し、オーストリアはドイツ人だけで構成する。そして、オーストリアをドイツ帝国の中に組み入れる。分離した非ドイツ人地域は、ドイツ帝国の属州とする。以上が彼の構想の骨子である。そして彼は「戦争こそが、新たな国家形成への最善の基礎である」とのべた。

　シェーネラーは、一方で政治に暴力を導入した。彼は一八八八年に、仲間とともにユダヤ系の『新ウィーン日報』を襲った。このため彼は投獄され、五年間にわたって政治的権利を剥奪された。また一八九七年に、ドイツ語とチェコ語双方の習得を、ボヘミアの官吏

Bilder von der gestrigen Sitzung im Abgeordnetenhause.

乱闘議会を皮肉る新聞漫画　1897年
シェーネラーは暴力的な議事妨害を展開し、議場内に警官隊の出動をみるにいたった。彼は1888年にもユダヤ系新聞社を襲い、懲役4カ月、爵位剝奪の刑をうけていた。

に義務づけた『バデーニ言語令』が帝国議会で討議されると、これに猛反対して暴力的な議事妨害を展開した。議場は騒乱の場と化し警官隊の出動をみた。首相バデーニは解任され、言語令は撤回に追いこまれた。

もちろん彼の過激な言動は、一般の支持をうるにはいたらなかったが、忘れられてならないことは、シェーネラーが、さきにのべたルエガーとともに、青年ヒトラーに少なからぬ思想的影響を与えたことである。ヒトラーは画家を志して、一九〇七年から一三年までウィーンに住んでいた。

後年のヒトラーの著『わが闘争』からも明らかであるが、彼はルエガーやシェーネラーに共鳴していた。彼は、いかにして巧みに人心を掌握するかをルエガーから、またドイツやドイツ民族の将来への展望を、シェーネラーから学んだはずだ。議会主義や多数決を否定する彼の立場も、これら二人の政治家の影響のもとに形成されたにちがいない。シェーネラーは「一つの神、一人の皇帝、一つの民族」というスローガンを好んで用いた。後年ヒトラーは演説でたえず「一つの民族、一つの帝国、一人の指導者」と絶叫した。

ヒトラーは、これら二人の政治家をよき教師として、自らの政治思想を築き上げた。画家や建築家への彼の夢はむなしく消えたが、この点ではウィーンは、彼にとってまたとない学校となったのである。

以上のような状況を考えると、世界ではじめてシオニズム運動がウィーンで起きたことは偶然ではない。

その提唱者はブダペスト生まれのユダヤ人ジャーナリスト、テオドール・ヘルツル（一八六〇〜一九〇四）であった。フランスのドレフュス事件に衝撃をうけた彼は、一八九六年『ユダヤ人国家』と題するパンフレットを発表して、ユダヤ人の国家を建設する必要を説いた。一八九七年彼は、バーゼルで第一回シオニスト会議を招集する。会議のあと彼は日記に「五〇年後には確実に、すべての人がユダヤ人国家を見ることになろう」と記した。はたして彼の夢は、第二次世界大戦後の一九四八年、イスラエルの誕生によって実現されるのである。

ヒトラーの水彩画　ヒトラーは、ウィーンの美術学校の入試に２度失敗して放浪生活を始める。その間彼は自作の絵を売って暮らしをたてたこともあった。図は、彼が描いたウィーンのマリア・アム・ゲシュターデ教会。

テオドール・ヘルツル　世界初のシオニズム運動の創始者。彼は著書『ユダヤ人国家』ですべてのユダヤ人を統合し、ユダヤ人の国家を樹立しなければ、ユダヤ人問題は解決しないと主張した。

10 世紀末精神の輝き

『ブロッホ・バウアー夫人』 19世紀末から今世紀初頭にかけて、ウィーンはじめ帝国主要都市では、創造的な精神活動が燃焼し、革新的な文化が一斉に開花した。図は「分離派」を結成したクリムトの傑作。

平和と繁栄

さて政治から目を転じてみるに、世紀末から今世紀初頭にいたるウィーンで、まばゆいばかりの多彩な文化が花開いたことが、我々の関心をひきつける。クリムト、マーラー、シュトラウス・ファミリー、シュニッツラー、フロイト、ヴィトゲンシュタイン、ケルゼン、シュンペーター、マッハ、ビルロート。美術、音楽、文学、心理学、哲学、法学、経済学、物理学、医学のあらゆる分野にわたって、傑出した才能を数多く世に送り出し、今世紀に向けて多大の影響を与え、計り知れない遺産をのこした。その様はまさに百花繚乱のたとえにふさわしい。

そのあまりにも華麗にして絢爛なるがゆえに、また文学や芸術にペシミズムや耽美主義が色濃く影を落とすがゆえに、ウィーン世紀末文化をもって、ハプスブルク帝国の落日最後の輝きになぞらえたいという誘惑にかられやすい。

しかしよく考えてみると、それは決して落日の輝きではなかった。ウィーン世紀末文化

『リング・シュトラーセ春の朝』 世紀末ウィーンの風俗画家ヴィルヘルム・ガウゼの作品。街路樹の下をのんびり散歩する市民、衛兵、カフェテラス、辻馬車など、当時の都大路の雰囲気を伝えている。

ブダペスト中心街 世紀末の都市改造はウィーンだけではなかった。ことに「二重帝国」の発足によって、オーストリアと対等の地位を獲得したハンガリーの首都ブダペストは、大規模な都市近代化を実現した。

プレスブルクのオペラ劇場　地方都市の文化的水準も高まった。プレスブルク（現スロヴァキア首都ブラチスラヴァ）には、1866年ネオ・ルネサンス様式の豪華なオペラ劇場が誕生した。現在はスロヴァキア国民劇場。

トリエステ新市庁舎　大都市のみならず地方都市も、「小ウィーン」を思わせる繁栄を享受した。カール6世いらい自由港として活況をみせたトリエステ（現イタリア領）では、1877年新市庁舎が落成した。

は、なによりも多民族国家であり超民族国家であるという、ハプスブルク帝国のプラスの特殊性から生まれたものである。全体としてみるならば、それはきわめてダイナミックな文化であった。革新的で創造的であることをもってその特徴とした。

しかもハプスブルク帝国は、この時代、衰退に向かって坂道を下っていたわけではない。たしかに欧州政治を動かした大帝国の時代は去っていた。しかし、革命と戦争の一八四〇年代から六〇年代のあと、この国は、すでに三〇年以上もつづく平和の中で、経済発展による新たな国力の充実期に入っていたのである。鉄道網の発達はいちじるしく、銀行・金融制度も拡大の過程にあった。それとともに、地域間の市場障壁がとり除かれて、全国的な統合市場の形成が進みつつあったのである。

オーストリアの経済成長は、ドイツと並んで、欧州の工業国の上位群の中に入っていた。経済の繁栄は、「安定の黄金時代」をウィーンにもたらした。持てる人々だけではなく、広く大衆も、多かれ少なかれ安定の時代の恩恵にあずかっていた。

一方、二重帝国発足後、ハンガリーにとって、オーストリアは農産物の重要な市場となり、資本や技術者の供給源となった。ウィーンと平等な首都の地位を獲得したブダペストは、欧州の大都市をめざして躍進の真っ只中にあった。ブダペストへの投資が急増し、ドナウの田舎町は活気あるメトロポールへと動きはじめた。

ウィーンに負けじ劣らじと、ブダペストでも大規模な都市改造がはじまった。欧州一の都大路をめざしてアンドラーシ通りが建設され、オペラハウス、美術館、国会議事堂などの公共建築物がつぎつぎと街を飾っていった。パリやベルリンに先立って、欧州大陸初の地下鉄を敷設したことは、ブダペストがこの都市改造にいかに執念をもやしていたかを物語る。ハンガリー建国一〇〇〇年祭の行われた一八九六年には、ブダペストは堂々たる近代都市へと生まれかわっていた。

また政治的には不運であったボヘミアも、経済的には繁栄への道を歩んでいた。ボヘミアは、中世いらい、すぐれた手工業の伝統をもっており、またエルベ川を通じてドイツ経済との結びつきも強く、この頃には、ハプスブルク帝国のみならず、ヨーロッパの工業の中心の一つをなしていた。繊維から機械、さらには自動車から兵器にいたるあらゆる種類の近代工業が、急速な発展をとげつつあった。

他方、トリエステ、アグラム（現クロアチアの首都ザグレブ）、レンベルク（現ウクライナのリヴィウ）などの地方都市の文化的充実も目ざましく、あたかも「小ウィーン」の観を呈するにいたった。

ワルツ王ヨハン・シュトラウス
1863年宮廷舞踏会の指揮者となる。父のヨハン、弟のヨーゼフとエドアルト。シュトラウス・ファミリーの音楽にのって全欧州が踊った。しかしワルツ王はダンスは踊れなかったという。

ヴルストゥル・プラーターの賑わい　「民衆王」ヨーゼフ２世によって市民に開放されたプラーターは、大衆の安上がりの遊び場であった。ここはチェコ出身者が多いところから「ボヘミア・プラーター」とも呼ばれた。

ウィーン市舞踏会　1883年ウィーン新市庁舎が完成したのを祝って、大舞踏会が開かれた。裕福な市民階級が集まったこの舞踏会は、その華麗さにおいて、宮廷舞踏会をしのぐほどであった。

文士カフェ　R. フェルケル作『カフェ・グリーンシュタイドルにて』。ここはホフマンスタール、シュニッツラーら文学者の溜まり場であった。クリムトやシーレらの画家たちはカフェ「ムゼーウム」の常連であった。

歓楽の都

さて世紀末ウィーンの市民生活をみるに、その一つの特徴は、楽しむことに最大の価値をおく生き方が支配的であったことである。そしてその一方では、生への倦怠と厭世の空気もただよっていた。

当時のウィーン市民は、高きも賤しきも、富めると貧しきとをとわず、人生の享楽には事欠かなかった。ヨーゼフ二世によって市民に開放されたプラーター公園は、万博のさいに拡大され、一八九七年にはウィーン名物の大観覧車が出現した。公園の一角にある「ヴルストゥル・プラーター」は、安上がりの楽しみを求める下層市民で賑わっていた。かたや「ウィーンのヴェネツィア」は、裕福な中産階級が好んで出入りする歓楽と社交の場となっていた。

あらゆる階層のための舞踏会が開かれ、シュトラウス・ファミリーのワルツやポルカが陽気に鳴りひびいていた。貴族も庶民もひとしく主役として登場するオペレッタは、その甘美なメロディーとあいまって、ウィーン市民を夢の世界に誘いこんだ。彼らは、音楽や演劇や芸術に対して、異常ともいえる関心をもっていた。「ウィーンでは、宰相や最高の金持ち貴族が通りを行ったところで、ふり向く

ウィーンのカフェ風景　新聞を読み、会話にうち興じ、あるいはチェスやビリヤードを楽しんでいる世紀末のカフェ風景。バルカンの民族衣裳をまとった客の姿もみられる。図は『ウィーンのあるカフェ』（1876）フェルディナント・ヴュストの作品。

ものは誰もいなかった。しかし宮廷俳優、オペラ女歌手となると、すべての買い物客や辻馬車の目をのがれることはできなかった」（シュテファン・ツヴァイク）。

世紀末ウィーンではまた――ブダペストやプラハでもトリエステでもそうであったが――カフェの隆盛をみた。カフェといっても、今日の喫茶店とはちがって、コーヒーを飲み、ケーキを食べるだけではなかった。人々は何時間もかけて、数多くの備えつけの新聞に目を通し、本を読み、仲間との会話にうち興じた。チェスやトランプやビリヤードを楽しむものもいれば、手紙や論文や小説を書くものもいた。カフェは、とくに知識人や作家の溜まり場ともなっていた。

そうした「カフェ文士」のなかには、享楽の時代の空気のなかで、ペシミズムに傾く作家や詩人が少なからずいた。

代表的なのは、アルトゥール・シュニッツラー（一八六二～一九三一）や、フーゴー・フォン・ホフマンスタール（一八七四～一九二九）である。シュニッツラーは、デカダンスと愛欲の世界、そしてその結末としての死をつうじて、はかなくも、うつろいやすい人生を甘美に描いた。またホフマンスタールも、彼独特の繊細な感覚を通して、生への倦怠と憂愁を巧みにとらえ、死への憧れを美しくうたった。

フロイト　彼は人間の心の中の「無意識」に着目した。そして、性の問題がタブーとなっていた世紀末ウィーンで、大胆にも、神経症の原因は性欲の抑圧にありとする新しい学説を発表して、大きな衝撃をあたえた。

革新と創造

すでにのべたように、この時代のウィーンは、芸術から自然科学にいたるあらゆる分野にわたって、一連のすぐれた芸術家や学者を輩出し、彼らの多くは、世界的な業績を後世にのこした。広範にわたる彼らの活動をここで要約することは不可能に近いが、その著しい特徴の一つをあげるならば、彼らの活動が、当時ウィーンで支配的であった伝統的な精神・文化風土を批判し否定することから出発したということである。ここではそうした観点から、代表的な人々をみてみることにしよう。

まず精神分析学者のジークムント・フロイト（一八五六～一九三九）である。すべての神経症は「性」の抑圧に起因する、という彼の学説は、それ自体まさに画期的な意味をもっていたが、同時にそれが、ウィーンの社会的タブーに対する挑戦であったことは注目されてよい。

ウィーンは、ヨーロッパで売春が公認された最初の都市であった。性病が王家や貴族階級をも蝕んでいた。しかしその反面で、「性」に関心をもつこと自体が不道徳とされ、ことに上流階級の婦女は「性」から隔離され、きびしい「性」の抑圧のもとにおかれていた。

トリエステの青春様式　ユーゲント・シュティルは、プラハ、ブダペストのみならず、地方都市にも広がった。写真は、トリエステの中心街、取引所広場に面する建物に今日も残るファビアーニの作品（1905）。

カール広場駅　ヴァーグナーが1898年に設計したウィーンのカール広場駅は、その機能的な構造と、ユーゲント・シュティルの採用という点で、宮殿風を主流とした従来の駅舎の概念を全く破るものであった。

彼の新説は、こうした不自然で偽善的な社会にメスを入れることになったのである。このため彼は、学界で冷遇され、社会的偏見にもわざわいされて、すぐれた研究者でありながら、四六歳にいたるまで助教授のポストにすらつくことができなかった。

一方、ウィーン近代化とともに登場したリング・シュトラーセ様式に対しては、建築家のあいだから、反発と刷新の動きが起きた。オットー・ヴァーグナー（一八四一～一九一八）はその一人であった。彼は、リング様式とはまったくコンセプトを異にする「近代建築」を提唱した。それは、機能主義の追究から生まれた新時代の建築であった。例えば、彼が設計したウィーン市内のカール広場駅は、豪壮な宮殿風を主流とした従来の鉄道駅のスタイルからすれば、まったく異端というべき存在であった。

ヴァーグナーの革新性は、その建築スタイルにあっただけではなかった。彼は、鋼鉄やガラスなど、当時の科学技術の成果ともいうべき新しい材料をふんだんに使用した。彼の手になるウィーンの郵便貯金銀行はその典型であった。ファサードはアルミニウム板が張りつめられて、現代風の幾何学模様がほどこされ、内部はガラスの天井屋根によって、明るい空間が確保されていた。それは薄暗くて権威主義的な従来の公共建築物の常識を、ま

マヨリカ・ハウス（外観と内部）　壁面に美しい花模様を配したヴァーグナーのマヨリカ・ハウス。ユーゲント・シュティルの特徴のひとつは、自然で流れるような曲線の強調である。それは直線的で無味乾燥な工業製品に対する反動でもあった。

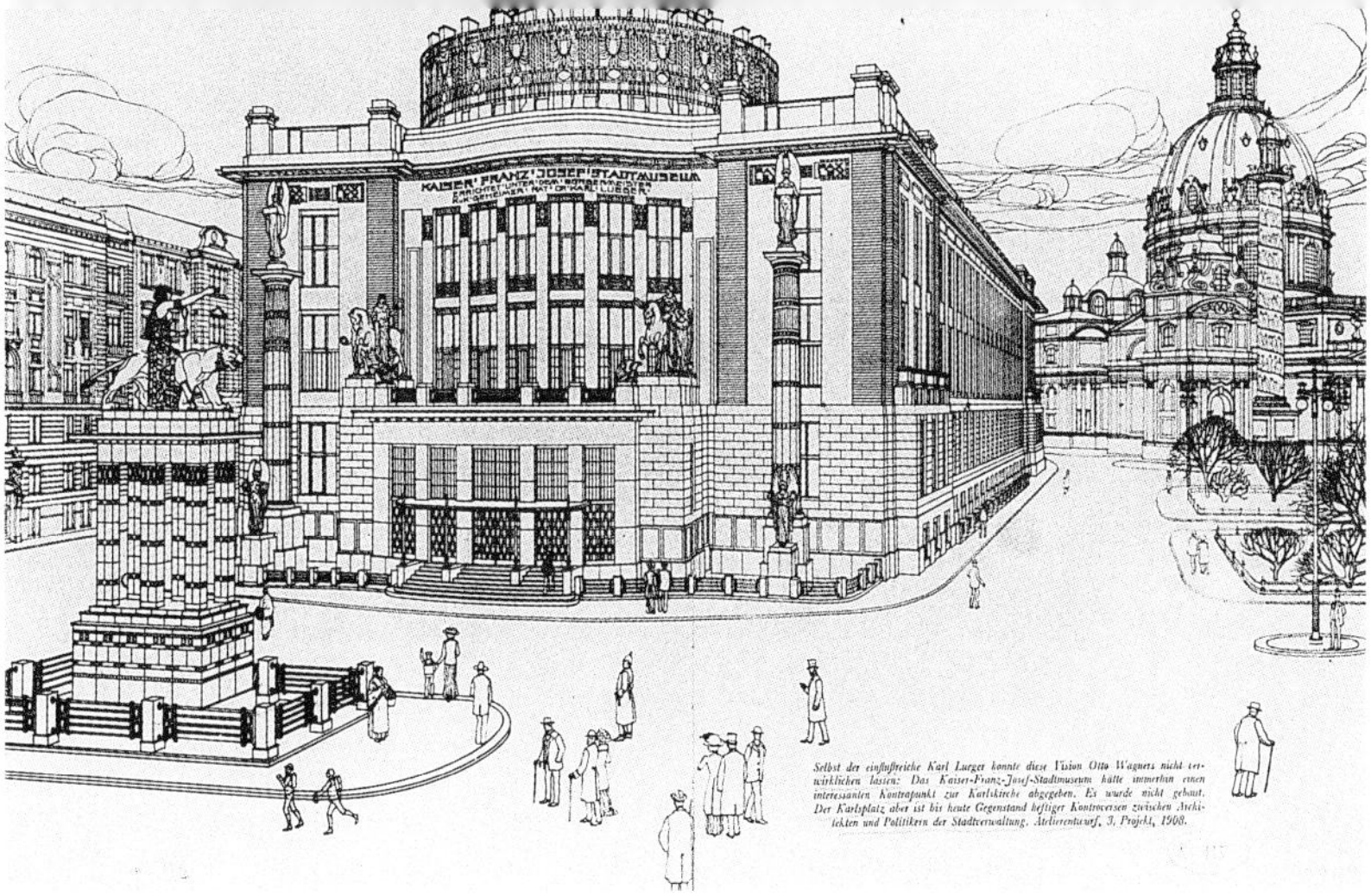

日の目を見なかった市立博物館　ヴァーグナーの「皇帝フランツ・ヨーゼフ市立博物館」の設計図（背景はカール教会）。しかし保守的な市民の反発をおそれるルエガー市長の意向で、建設にはいたらなかった。

ったく破るものであった。

　ヴァーグナーは、建築から伝統的な装飾を追放したが、たとえば彼の作品マヨリカ・ハウスにみられるように、それに代わるものとして、世紀末に流行した「ユーゲント・シュティル」（青春様式）を使用した。しかし彼の弟子のアドルフ・ロース（一八七〇〜一九三三）は、さらに進んで、およそ装飾なるものはすべて建築から排除したのである。ウィーン旧市街ミヒャエル広場に建つロース・ハウスは、今日の建築常識からすればなんの変哲もない建物に映るが、王宮はじめ周辺の重厚な伝統建築の真っ只中に、このような建築物が姿を現した当時、いかに異様な存在であったかは想像にかたくない。

　伝統を否定する新傾向は、美術の分野でも起きてきた。一八九七年には、若い芸術家グループが「分離派」を結成した。彼らは、「時代にはその芸術を、芸術にはその自由を」をスローガンに、新たな芸術様式を創造した。「ユーゲント・シュティル」である。それは、ウィーンのみならず、世紀末の帝国各都市の美術・建築・工芸に大きな影響をあたえた。

　そのリーダーはグスタフ・クリムト（一八六二〜一九一八）であった。彼の作品の特徴の一つは、幻想的な人間の表情や官能的な裸体である。まばゆく神秘的な金色の下地や、エキゾチックな渦巻き模様も、彼独特の世界を強調する。彼は、ウィーン大学の講堂をかざるために依頼されて、『哲学』『医学』『法学』の三部作を完成した。しかしこれらの力作も、性の世界を大胆に描いていたため、大学にはうけ入れられず、結局は日の目をみずに終わってしまった。

　新しい動きは音楽でも起きた。アルノルト・シェーンベルク（一八七四〜一九五一）による一二音音楽の完成である。それはまさに革命と呼ぶにふさわしく、音楽史に新しいペ

ウィーン郵便貯金銀行　ヴァーグナーは、伝統的な歴史主義から出発し、分離派、そして最後には近代的な実用主義にたどりついた。こうした過程をへて誕生したのが、1906年に完成した郵便貯金銀行であった。

クリムトの『医学』 クリムトが、ウィーン大学の依頼で完成し、結局大学から拒否された問題の3部作の1つ『医学』。第2次世界大戦の敗戦の年に、オリジナルは、疎開先のインメンドルフで戦火のため焼失した。

クリムト 1897年彼は、アカデミズムに対抗して、ウィーン分離派を結成した。彼らの活動は、「ウィーン芸術の春」(1898〜1905)として花開く。クリムトのもとでココシュカ、シーレらの逸材が育った。クリムトはジャポニズムから少なからぬ影響をうけていた。

ージを開くものであったが、保守的なウィーンの音楽風土の中では、彼の独創性はすぐには理解されなかった。シェーンベルクの作品は、ウィーンよりも前衛的なベルリンの聴衆に迎えられた。彼の業績は、二人のウィーン生まれの弟子、アントン・フォン・ヴェーベルン（一八八三〜一九四五）とアルバン・ベルク（一八八五〜一九三五）によって引き継がれ、音楽に新しい可能性が開かれたのであった。

世紀末ウィーンは、学術の面でも新しい潮流を生んだ。経済学者のカール・メンガー（一八四〇〜一九二一）が創始者となった「オーストリア学派」はその一つである。彼は経済学に心理的要素を導入し、「限界効用」に基づく新しい価値・価格理論を展開した。彼の高弟ヨーゼフ・シュンペーター（一八八三〜一九五〇）が、『資本主義・社会主義・民主主義』を著して資本主義の本質を問い、世界的な影響力を与えたことは周知の通りである。

また、航空機の速度の単位マッハの名称で知られる物理学者で思想家のエルンスト・マッハ（一八三八〜一九一六）、哲学者のエドムント・フッサール（一八五九〜一九三八）、ルートヴィヒ・ヴィトゲンシュタイン（一八八九〜一九五一）は、二〇世紀思想のパイオニアとして重要な役割を果たした。

彼らは従来の抽象的な理論や仮説を排し、

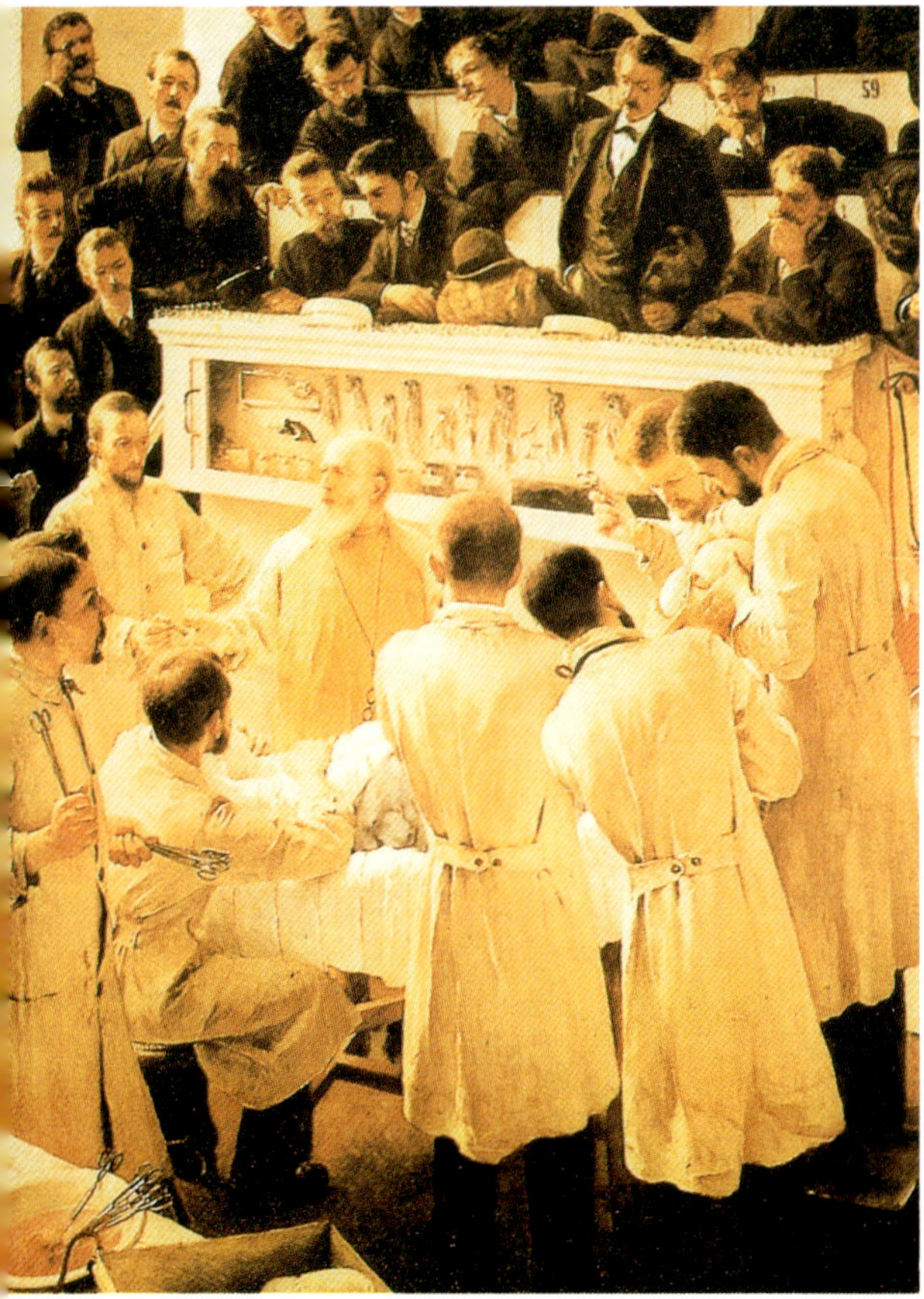

講義中のビルロート　世紀末のウィーンは医学のメッカとなり、ウィーン大学は世界一流の学者や名医を輩出した。ことにビルロートのおかげで、外科手術は画期的な進歩をとげるにいたった。

「経験」から出発することによって哲学思想に新分野を開いた。マッハは、経験の要素を「感覚」に求め、フッサールは、「生活世界」における経験こそ学問の対象であるとして「現象学」を唱えた。ヴィトゲンシュタインは、人間の精神世界は言語経験によって形成されるとして、言語の分析・批判の重要性に着目した。

　一方、世紀末ウィーンは、医療の向上に努めたヨーゼフ二世の改革が実り、医学のメッカとなっていた。フロイトのみならず、カール・フォン・ロキタンスキー（一八〇四〜七八）、テオドール・ビルロート（一八二九〜九四）ら優秀な学者や名医の集うウィーンには、当時まだ医学の後進国であったアメリカからも多数の医学生が留学した。

ユダヤ人才能と文化的混血

　それにしても世紀末から今世紀初頭のウィーンで、かくも多彩な文化が花開いたのはなぜであろうか。

　その第一の原因は、ユダヤ系文化人に負うところが大きい。世紀末文化の担い手には実にユダヤ人が多い。学者のフロイト、ヴィトゲンシュタイン、ケルゼン、フッサール。作家のホフマンスタール、シュニッツラー、クラウス、カフカ、ツヴァイク。音楽家のマーラー、シェーンベルク、オスカー・シュトラウス、レハール。建築家のロース。このようにあげてくると、ユダヤ人の多さにいまさらながら驚かされる。

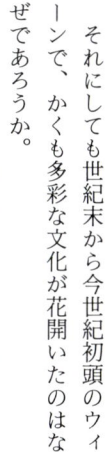

　すでにのべたように、ハプスブルク帝国では、ヨーゼフ二世の改革いらいユダヤ人の解放が進んだ。ことに一八六七年の一二月憲法は、彼らに、社会的進出の門戸を大きく開いた。その結果、ユダヤ人の経済的地位は改善され、才能あるユダヤ人は、学問や芸術にたずさわることができるようになった。しかも彼らは、伝統にとらわれず、たえず新しさを求める実験に挑戦した。こうしてユダヤ系文化人は、世紀末になって、一斉に花が咲きそろうがごとく、さまざまな分野で頭角をあらわすことになったのである。

　第二の原因は、民族間の文化的混血と超民族的思考の存在である。一九世紀後半のハプスブルク帝国は、政治的なナショナリズムが燃え上がった時代であり、これと並行して民族文化も高揚をみた。しかし、帝国では、すでに数世紀にわたって文化的混血が進んでおり、その間に超民族的な思考が育まれていた。ドイツ、マジャール、スラブ、ラテン、ユダヤのさまざまな文化が、ぶつかりあい、混じりあい、錬りあげられて、コスモポリタン的

フッサール　モラヴィア生まれのユダヤ人。数学者から出発して哲学に転じ、現象学の創始者となった。ナチスの迫害をうけたが、膨大な遺稿はベルギーのルーヴァン大学に保管され、彼の学説は戦後新たな関心を集めた。

シュニッツラー　ウィーンのユダヤ人作家。もともとは精神科医。代表作『輪舞』をはじめ、ウィーンを舞台に、彼が描いた男女の愛欲の世界には、世紀末のウィーンのデカダンスの空気が巧みにとらえられている。

な文化創造のための土壌が形成されていたのである。

第三の原因は、世紀末文化を支えていた都市間の文化的ネットワークによるものである。一般には「ウィーン世紀末文化」といわれているが、それはウィーンだけで独自に育て上げられた文化ではない。

歴史的に王国、公国などの領土の集合体であるハプスブルク帝国には、文化の中心をなす都市が各地に散らばり、それぞれの都市がすぐれた学者や芸術家や文学者を生んだ。ウィーンも含め、これらの都市の間には文化的なネットワークが形成され、世紀末ウィーンに比すべき精神状況は、ブダペストにも、プラハにも存在していた。

そこで育った文化人や知識人の多くがウィーンに集まったのは事実であるが、各都市でも、それぞれ才能たちが独自に文化の花を開かせた。ブダペストにはバルトークがいたし、プラハにはカフカやハシェクらがいた。その意味では、世紀末文化は「中欧世紀末文化」といったほうが、より実体に即しているといえるであろう。

最後に、もっとも重要なこととして、第一次世界大戦にいたるまで、ほぼ半世紀にわたった平和と経済的繁栄なくしては、世紀末文化の輝きはありえなかったことも、つけ加えるべきであろう。

カフカ　ユダヤ人作家。彼はプラハに生まれながらチェコ人でなく、ドイツ語を喋りながらドイツ人でもなかった。文化的なアイデンティティに悩みつつ、不安と絶望の中から、ユニークな実存主義文学を生んだ。

マーラー　ボヘミア生まれのユダヤ人作曲家・指揮者。10曲にのぼる交響曲の大作と、数多くの歌曲で知られる。20世紀作曲技術の先駆者として、シェーンベルクやショスタコーヴィチらに影響を与えた。

11 サライェヴォの銃声

サライェヴォ事件　ボスニアは、オーストリアに併合されていらい、まさに「欧州の火薬庫」と化した。1914年サライェヴォでオーストリア大公夫妻が暗殺される。そして第1次世界大戦が勃発した。

ミラマーレ城　皇帝の弟マクシミリアンは、ミラノの知事に任ぜられたが、北イタリアの統治をめぐってウィーン宮廷と対立、トリエステ郊外、アドリア海に面するミラマーレ城に、妃とともに引退した。

老フランツ・ヨーゼフ帝　最初保守に徹していた皇帝も、後には近代的な国造りに専念し、国民の敬愛をあつめた。しかし彼は、かたくなに王家の格式やしきたりに固執した。彼の晩年の痛ましい悲劇の一端はそこから起きた。

処刑されるマクシミリアン　ミラマーレの生活は長続きしなかった。野心家の彼は、メキシコ国王就任を承諾して現地に渡る。しかし内戦が勃発して逮捕され、1867年銃殺刑に処せられた。エドアール・マネの作。

王家にあいつぐ不幸

世紀末の革新的な近代精神は、もちろん皇帝フランツ・ヨーゼフの支配体制とは無縁のものであった。たしかに、プロイセンに敗れ、ハンガリーとの二重帝国に移ってからは、ことにオーストリアでは、彼のもとでリベラルな体制づくりが進められた。立憲君主制が導入され、労働者保護立法が行われ、二〇世紀はじめには普通選挙法が成立した。しかし、皇帝の統治は、いぜんとして貴族と軍部に支えられていた。彼は、汽車、自動車、電話、電灯など、当時世に出た文明の利器にも関心を示さなかった。

　フランツ・ヨーゼフの治世は、一八四八年の即位いらいすでに半世紀におよんでいた。勤勉な皇帝は、早朝に起き、規則正しい日課にしたがって、国事に精励していた。だが世紀末にかけて、皇帝一家は、あいついで悲劇的な事件に見舞われる。

　王家はすでに一八六七年に、不幸な出来事を体験していた。メキシコ王となったフランツ・ヨーゼフの弟マクシミリアンの死である。一八二一年スペインから独立したメキシコでは、一八五七年、フアレス大統領のもとで教会財産が国有化されると、内戦が勃発した。フランスのナポレオン三世がこれに干渉し、彼の支援のもとにマクシミリアンは、一八六四年にメキシコ王就任を承諾した。しかし現地に渡ったマクシミリアンは、フランス軍が撤退したあと、フアレス派に逮捕され、六七年銃殺刑に処せられてしまう。

一八八九年には、一人息子の皇太子ルドルフがこの世を去る。彼は、ウィーン郊外のマイアリングの狩りの館で、恋人のマリー・ヴェツェラを道づれに、ピストル自殺をとげた。彼は、ベルギー王女シュテファニーと結婚させられていたが、離婚をのぞんでいた。ルドルフは、母親エリーザベトの影響をうけて、知性にすぐれ、リベラルな思想の持ち主であった。ハンガリー人やスラブ人にも親愛感をもっていた。父親とは、性格があわず、政治的見解を異にし、たえず衝突していた。

さらに一八九八年には、王妃のエリーザベトが不慮の死をとげる。彼女は一八五四年にバイエルンのヴィッテルスバッハ家から輿入れしたが、幸せな結婚生活には恵まれなかった。姑のゾフィーとはあつれきがたえず、ウィーン宮廷の空気にもなじめなかった。ことに皇太子ルドルフが生まれてからは、姑や夫との溝は深まる一方であった。心の傷を癒すべく彼女は旅に出る。一八五九年から六一年にかけて、彼女はマデイラ、ヴェネツィア、コルフを転々とした。

こうしたエリーザベトにとって、ルドルフの自殺は重大なショックであった。彼女は強度のうつ病にかかる。そして一八九八年、彼女は旅の途中ジュネーヴのレマン湖畔で、イタリア人の無政府主義者の凶器によって一命を失うのである。

マリー・ヴェツェラ　精神的苦悩に打ちひしがれたルドルフは、1889年1月29日夜、ウィーン郊外マイアリングの狩りの館で、17歳の恋人マリー・ヴェツェラとピストルで心中を遂げた。

皇太子ルドルフ　進歩的な思想の持ち主であった彼は、当時の多難な外交・内政をめぐって、父親と意見を異にし、宮廷でも孤立した。シュテファニーとの強いられた結婚も不幸をもたらした。彼の繊細な神経は病んでいった。

エリーザベト妃　バイエルン王家の出、フランツ・ヨーゼフの妃。姑と衝突し、ウィーンの宮廷にもなじめず、皇太子の教育で夫と対立した。最愛の息子を自殺で失った彼女は、傷心の旅の途次、悲劇的な最期を迎える。

オーストリア大公暗殺

さて国外に目を転じよう。焦点はバルカン情勢であった。第八章の末尾でのべたように、オーストリアは、一八七八年、ボスニア・ヘルツェゴヴィナを占領・行政下においた。この段階では、主権はまだトルコに残されていた。ところが一九〇八年にいたって、オーストリアは、突如ボスニア・ヘルツェゴヴィナを併合する。これによりバルカンの緊張はいっきょに高まった。

ボスニア・ヘルツェゴヴィナには、セルビア人民族主義者もまた領土的野心をいだいていた。この地の民族構成は、四二パーセントがセルビア人、三四パーセントがイスラム教徒、二一パーセントがクロアチア人で(一九一〇年)、半数近くをセルビア人が占めていた。彼らはこれらのセルビア人を統合して「大セルビア」を実現することを狙っていた。オーストリアのボスニア・ヘルツェゴヴィナ併合

大戦前のバルカン

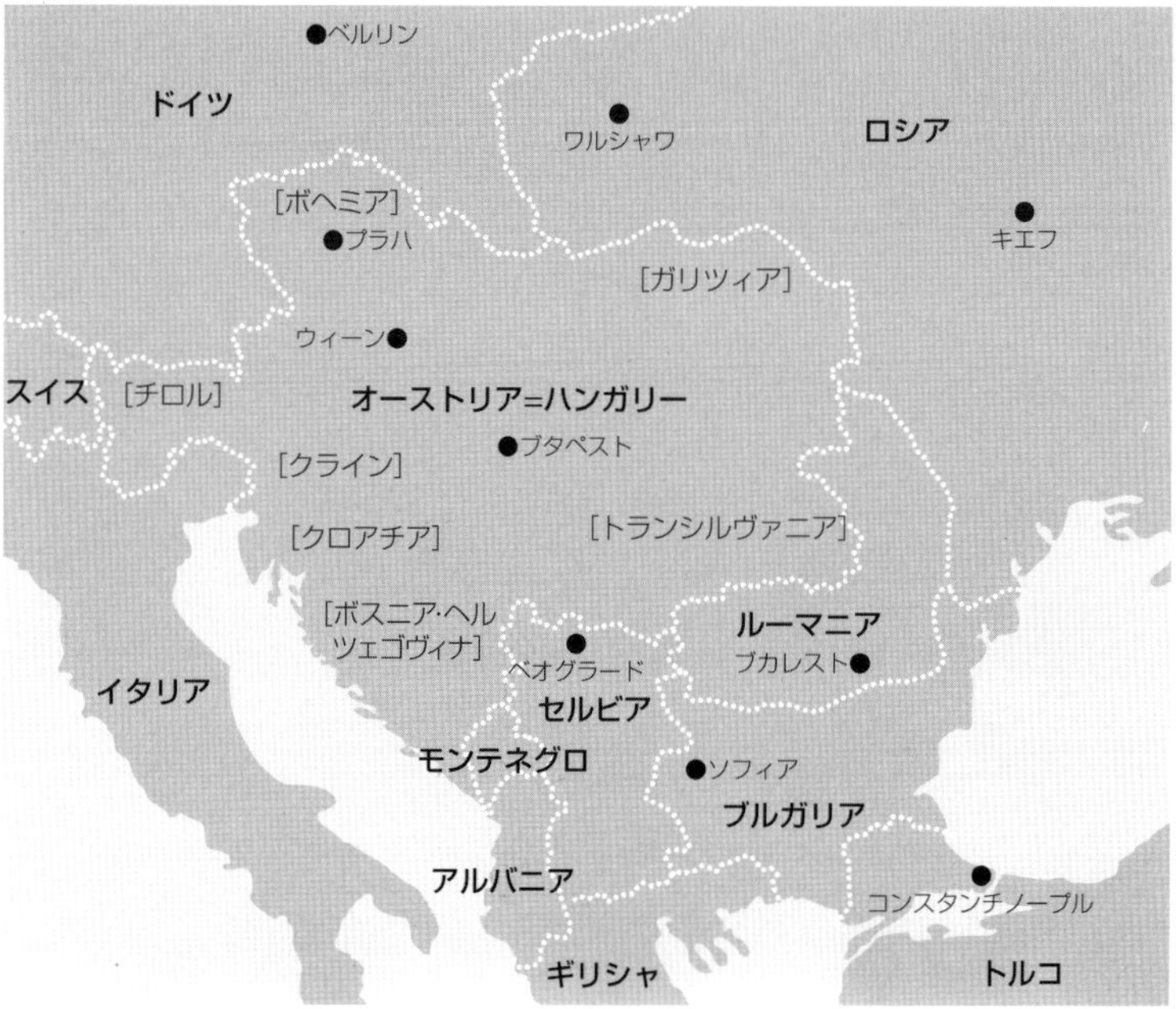

第1次世界大戦前のバルカン　18世紀半ばまでトルコの支配下にあったバルカンの地図は、大戦前には大きく塗り変えられていた。諸民族は独立を達成し、中でもセルビアは、バルカンの強国としての地位を確立していた。

サライェヴォ到着の大公夫妻　大公フランツ・フェルディナントは、皇帝の甥、ルドルフの死によって帝位継承者となった。しかし「三重帝政」構想を抱く彼は、大セルビア主義者にとって不倶戴天の敵であった。

は、彼らの運動にとって大打撃であった。

一方、ボスニア・ヘルツェゴヴィナ併合は、ロシアをも硬化させることになった。オーストリアは、この併合とひきかえに、ロシア艦隊にダーダネルス海峡を開放することに同意していたが、この約束は、イギリスの反対で履行されなかったのである。

一九一二〜一三年の二度にわたるバルカン戦争によって、セルビアが大幅に領土を拡大すると、バルカンは、オーストリアと、セルビアとの激突をまつばかりの情勢となった。オーストリアの背後にはドイツが、セルビアの背後にはロシアがひかえていた。

この一触即発の状況のなかで、一九一四年六月二八日、オーストリアのフランツ・フェルディナント大公のサライェヴォ訪問が行われた。彼は皇帝の甥で、皇太子ルドルフの自殺のあと、帝位継承者となっていた。

犯人逮捕　犯人は18歳のセルビア人ガブリロ・プリンツィプ。セルビア人過激組織「黒い手」の手先であった。背後にはセルビア軍部の強硬派がいたといわれる。事件の1カ月後に第1次世界大戦が勃発した。

暗殺事件現場　暗殺計画の噂が飛び交う中で、大公は市の歓迎行事に臨んだ。だが凶漢に放たれた銃弾が夫妻の命を奪う。ミリャツカ川沿いの事件現場には、現在博物館が立ち、犯人の足跡なるものが残されている。

フランツ・フェルディナントは、ハンガリーとの二重帝政を、南スラブ人（クロアチア人、スロヴェニア人）を加えた三重帝政へと再編する構想を抱いていた。もともとこの構想は、クロアチア人を支配するハンガリー貴族への反発に出たものであった。同じスラブのチェコ人との三重帝政には、彼はとくに熱意を示していなかった。
だがいずれにせよフランツ・フェルディナントの三重帝政案は、セルビア人による南スラブ人統合運動を挫折させるものであり、大セルビア主義者からは敵視されていた。
フランツ・フェルディナント大公の訪問は、セルビアの過激分子を刺激した。彼は、帝国陸軍の軍事演習を査察するためにこの地を訪れたのであった。しかも六月二八日は、セルビア人が一三八九年にトルコ軍に大敗した民族的屈辱の日、ヴィドヴダンであった。この日、大公夫妻は、市役所での歓迎パーティに出席するため、ミリャツカ川にそってオープン・カーを走らせていた。最初爆弾が投げつけられたが、これは未遂に終わった。
しかし一行が市役所を発ってまもなく、群集から躍り出た男が車を襲う。大公夫妻は痛ましくも兇弾の犠牲となった。犯人は一八歳のガブリロ・プリンツィプであった。背後にはセルビアの秘密組織「黒い手」が動いていた。

第一次世界大戦勃発

こうしてバルカンに戦争の火の手が上がるが、戦争を局地化しようというオーストリアの目論見とはたがい、それは拡大の一途をたどっていった。

サライェヴォ事件の一カ月後の七月二八日、オーストリアは、セルビアに対して宣戦布告を行った。それにつれて、すでに形成されていた同盟網が連鎖反応を起こしていく。セルビア側のロシアは、七月三〇日総動員令を発動した。一方オーストリア側のドイツは、八月一日まずロシアに対し、ついでフランス、イギリスに対して宣戦を布告した。欧州諸国は、こうしてつぎつぎに戦争に巻きこまれ、参戦国はさらに日本やアメリカにもひろがっていった。

この戦争で、たしかにオーストリア軍は、多民族構成という弱点をかかえていた。オーストリア軍は、二五パーセントがドイツ語系、二三パーセントがハンガリー語系、四二パーセントがスラブ語系からなっていた。しかし、開戦まもなく、チェコ人連隊がロシアに投降して、敵方の連合国軍側で戦うという事態が起きたものの、大勢には影響はなかった。ことにクロアチア人やボスニア人の連隊は、帝国軍隊の精鋭をなしていた。多民族とはいうものの、全体的にみれば、彼らは最後まで、帝国に忠実にかつ勇敢に戦いつづけたのである。

オーストリア軍は、一九一五年夏、ドイツ軍とともに、ロシア支配下のポーランドを占領した。さらにバルカン方面では、秋にセルビア軍を敗走させ、翌一六年一月にはモンテネグロを征服、さらにはアルバニアを占領した。この年の夏にルーマニアが参戦すると、一二月には、オーストリア・ドイツ軍は、ルーマニアをほとんど占領した。

一九一六年一一月二一日、フランツ・ヨーゼフ皇帝が八六歳で逝去した。彼は、その六八年間の治世をつうじて、帝国の諸民族をまとめる強力なかすがいの役割をはたしてきた。彼を失ったことは、帝国にとっては大きな痛手であった。帝位は、サライェヴォで暗殺されたフランツ・フェルディナントの甥カール一世によって継がれた。

しかしフランツ・ヨーゼフの死のあとも、オーストリア軍は、東部戦線とバルカンで優位にあった。一九一七年に入ると、ロシアでは二月革命が起きた。敗走したセルビア軍の巻き返しは成功せず、一〇月には、オースト

オーストリア軍のボスニア人連隊　オーストリア軍は、多民族からなっていたにもかかわらず、チェコ人軍団以外は、ほぼ最後まで戦線を離脱することなく戦った。ボスニア歩兵連隊は南西戦線のエリート軍団であった。

バルカン戦線のオーストリア軍　オーストリア軍は、バルカンでは、セルビア軍を敗走させ、アルバニアまで南下した。写真は、その間1916年に、モンテネグロの首都ツェティニエに向かって進撃中のオーストリア軍。

ヒンデンブルク独参謀総長
1917年７月ドイツ軍参謀総長ヒンデンブルクは、オーストリアを訪問した。オーストリアが、ドイツへの軍事的依存を強めた結果、連合国はハプスブルク帝国解体を決意するにいたった。

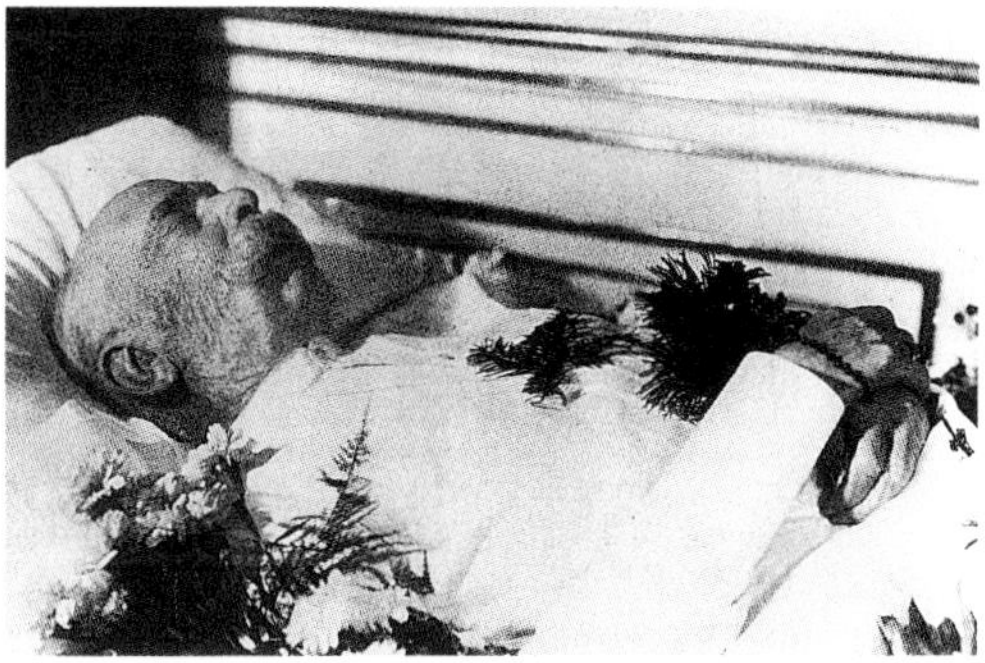

フランツ・ヨーゼフ逝去
1916年11月、皇帝は風邪がもとで肺炎にかかり、21日シェーンブルン宮殿で息をひきとった。68年という記録的な在位であった。勤勉な彼は、前日まで机に向かい政務を執っていた。

フランツ・ヨーゼフの葬儀　11月30日シュテファン大寺院で皇帝の葬儀が行われ、遺体はカプチーナー霊廟に安置された。フランツ・ヨーゼフの死とともに、帝国を維持してきた強力な求心力が失われた。

リア・ドイツ軍は、イタリアにも深く侵入した。

敗戦そして帝国崩壊

以上に明らかなように、オーストリアは、軍事的に必ずしも劣勢というわけではなかった。問題は、この間にオーストリアが、ドイツへの軍事的依存を決定的に強めていったことであった。

もともと両国の間には、戦争の目的にかんして、大きな食い違いがあった。オーストリアは、当初この戦いをバルカンの局地戦争にとどめようとしていた。しかしドイツにとっては、この戦争は、欧州における英仏との覇権争いの戦いであった。しかもドイツは、中立国潜水艦への攻撃を行って、一九一七年一二月にはアメリカの参戦まで招いてしまう。こうしてオーストリアは、ドイツに引きずられる形で戦争の深みにはまっていった。その結果、カール一世の努力にもかかわらず、和平へのチャンスを逃してしまったのである。

オーストリアには、単独講和によって、帝国の解体を回避する可能性が残されていた。英仏など連合国は、開戦当時から、ハプスブルク帝国の解体を意図していたわけではなかった。オーストリア軍部が、ドイツ軍部に完全に従属するにいたった戦争末期にいたっ

ハプスブルク最後の皇帝　フランツ・ヨーゼフ逝去のあと即位したカール１世、妃ツィタ、および４人の子供たち。カールは1922年、ツィタは89年没。長男のオットー（左）はドイツに在住、欧州議会議員を務めたあと2011年に逝去した。

て、連合国ははじめて、ハプスブルク帝国の解体と王朝廃絶の方針をうち出した。一九一八年一月、ウィルソン米大統領が発表した『一四カ条宣言』は、民族自決の原則を掲げ、帝国諸民族の独立運動を促した。

一九一八年九月、連合軍はバルカンで大攻勢に出て、戦局を逆転させた。同盟国のブルガリアとトルコがあいついで降伏した。

カール一世は、一九一八年一〇月一六日、帝国を各民族による連邦国家に再編するという『一〇月宣言』を発表した。だがすでに時は遅すぎた。諸民族はすでに独立へと動いていたのである。まず一〇月二八日にはプラハで、チェコスロヴァキア共和国の樹立が宣言された。翌二九日には、アグラム（現ザグレブ）で、クロアチア人議会が、帝国からの離脱を宣言した。ハプスブルク帝国の崩壊が始まった。

オーストリアもついに、一一月三日休戦協定を受諾する。一一月一一日には、皇帝カール一世は退位し、翌一二日には、ウィーンでオーストリア共和国の宣言が行われた。ハプスブルク帝国は、こうしてその終末を迎えたのであった。そしてオーストリアとは一九一九年サン・ジェルマン条約により、ハンガリーとは一九二〇年トリアノン条約により、帝国の解体が最終的に確定されたのである。

エピローグ

中欧《ミッテル オイローパ》の復活

ベルリンの壁崩壊　1989年11月９日、欧州分断の象徴であったベルリンの壁が崩壊し、冷戦は終結した。ソ連の衛星圏「東欧」は消滅し、そのあとにハプスブルクが残した歴史的・文化的共同体「中欧」が甦った。

ハプスブルク帝国と後継諸国家（1918年）

ハプスブルク帝国と後継諸国家　大戦終結とともに帝国は解体され、オーストリア、ハンガリー、チェコスロヴァキア、ユーゴスラヴィアが独立。残りの領土は、ルーマニア、ポーランド、ソ連、イタリアへと併合された。

ウィーンに入城するヒトラー　オーストリアのシュシュニック政権の必死の抵抗にもかかわらず、ナチスはオーストリア併合に成功する。1938年３月14日ヒトラーはウィーンに入城した。（『第３帝国』14号表紙）

後継諸国家の非運

崩壊した帝国のあとには、「オーストリア共和国」と「ハンガリー王国」（王不在）が誕生した。また「チェコスロヴァキア共和国」と「セルビア人・クロアチア人・スロヴェニア人王国」（後のユーゴスラヴィア）が新たに国家として樹立された。さらに、一世紀以上にわたって地図から抹殺されていたポーランドは、旧帝国のガリツィアをとり戻して復活し、ルーマニアも旧帝国からジーベンビュルゲンなどを獲得して、一挙に領土を二倍に拡大した。この他ブコヴィナ、南チロルなどが、それぞれソ連、イタリアへと併合されていった（地図参照）。

だがこれらの新生国家は、やがて両大戦間のファシズムの嵐に巻き込まれていった。もっぱらドイツ人からなるオーストリアが、ナチス・ドイツに併合されたのをはじめとして、彼らは結局ナチスに傾き、あるいはその支配に屈していったのである。新生国家はそれぞれ深刻な問題をかかえていた。

第一に民族対立である。第一次世界大戦の戦勝国は、これらの国々の国境策定によって、民族問題を解決したわけではなかった。帝国解体はその一方で、ミニ・ハプスブルク帝国、つまり新たな小型の多民族国家を生むことになったのである。たとえばチェコスロヴァキアでは、チェコ人とスロヴァキア人のほかに、ドイツ人とハンガリー人がいた。のちほどナチスは、これらのドイツ人保護を口実に、チェコスロヴァキアに侵入する。

第二は弱体な経済である。後継諸国家は旧帝国の広大な市場を失った。しかもオーストリアやチェコスロヴァキアのような工業国は別として、その多くは農業中心の経済後進国であった。そのため世界恐慌で大打撃をうけ、独裁政権の誕生をゆるすことになる。こうしてハンガリーやルーマニアは、第二次世界大戦にさいして日・独・伊三国同盟の一員となった。

さらに第三には、領土に対する不満があった。ことにハンガリーは、帝国崩壊により、領土の三分の二を失い、本国人口の八〇〇万人にたいして、三〇〇万ものハンガリー人が国境の外で少数民族となった。彼らはやがて、失地回復の期待をナチスにつなぐようになったのである。

ユーゴスラヴィアの場合は悲劇的であった。戦後王国として誕生したこの新生国家では、発足いらい二大民族セルビア人とクロアチア人の対立がたえなかった。議会内での議員狙撃事件や国王暗殺事件など、血なまぐさい事件がつづく。第二次世界大戦が始まると、クロアチアはナチスの支援のもとに分離独立し、ファシスト国家を樹立した。しかも大戦中は、両民族のあいだで、おそるべき集団殺戮行為が行われたのである。

第二次世界大戦後の「東欧」

ハプスブルク帝国の後継諸国の非運はさらにつづく。ナチス・ドイツが敗北して第二次世界大戦は終了するが、彼らには新たな苦難が待ちうけていた。彼らの大部分は、ソ連の

ナチスのプラハ占領　ハプスブルクの後継諸国のうちでは、チェコスロヴァキアは最も順調な発展をとげていた。だがこの国もナチスの暴力に屈する。1939年３月15日ドイツ軍はプラハに侵入した。

スターリン支配下の「東欧」

スターリン支配下の「東欧」　ナチスから解放されたハプスブルク後継諸国を待ちうけていたのは、スターリンによる鉄の支配であった。これらの国々のブロックは、第２次世界大戦後「東欧」と呼ばれるようになる。

衛星国として、スターリンの支配に服さねばならなかったのである。

　大戦末期、スターリンは、ナチスの敗退にともない、この地域に対する攻勢を積極化した。一九四四年の夏のブカレスト攻略以降、ソ連軍は、バルカン諸国を席巻したあとをうけて、翌四五年の二月にはブダペストを、四月にはウィーンを落とし、さらに五月にはベ

プラハの春　東欧諸国では、ソ連の圧政からの解放をめざす自由化運動がたえず起きた。だが1956年のハンガリー蜂起も、1968年のチェコの「プラハの春」も、ソ連戦車のもとに弾圧された。

ブダペスト夜景　冷戦の終結とともに、ハプスブルク後継諸国は、ソ連の支配から解放された。彼らはいま、ハプスブルク帝国時代の共存の歴史から、「中欧」という共通のアイデンティティを新たに模索しつつある。

ルリン、プラハと、中欧の要衝をつぎつぎと占領していった。戦後の中欧支配へのスターリン一流の布石であった。

すでに戦時中の一九四三年、ユーゴスラヴィアでは共産系の臨時政府が樹立され、四五年には人民共和国を宣言したが、その他のバルカン諸国でも、一九四七年までにあいついで人民共和国の成立をみた。一方、四七年にはポーランドで、ソ連の選挙干渉のもとに人民戦線が圧勝し、チェコスロヴァキアでは、四八年に共産党が無血クーデターによって政権を獲得した。さらにハンガリーでも翌四九年の総選挙で労働党（共産党）が一党独裁制を確立した。

ソ連は一九四九年に、東の経済ブロック「コメコン」を組織、五五年にはワルシャワ条約機構を結成した。こうしてオーストリアをのぞくハプスブルク帝国の後継諸国は、一括してソ連の衛星圏を意味する「東欧」という名称で呼ばれるようになった（119頁地図参照）。それによって、彼らのアイデンティティであり、彼らに対する歴史的な呼称でもあった「中欧」は、こうして葬り去られたのである。

以来自由を奪われた屈辱の時代が始まる。その間、ソ連の鉄の支配を離脱しようとする運動がしばしば起きた。だが一九五六年のハンガリー蜂起、六八年のプラハの春など、いずれもソ連戦車によって弾圧された。八〇年に始まったポーランドの「連帯」による自由化運動も挫折させられた。これらの諸国民が真に圧政から解放されるには、八九年のベルリンの壁の崩壊をまたなければならなかったのである。

見直されるハプスブルク帝国

こうして、後継諸国家のその後の運命をあとづけてくると、我々はつぎの問いにあらためて立たされる。ハプスブルク帝国の解体と消滅は、はたしてそのもとに生きてきた諸民族にとって幸せなことであったのだろうか。

イギリスのチャーチル元首相は、その著書『第二次世界大戦』で、ハプスブルク帝国の完全な解体に疑問をなげかけた。彼はいう。ハプスブルク帝国は、諸民族の通商と安全に役立ち、共通の生活を可能としてきた。帝国崩壊により、各民族は独立したものの、独力でドイツやロシアの圧力に抵抗し、生活する力をもっていなかった。悲劇はそこから起きたのだ。

ハプスブルク帝国の解体を肯定する人々の多くは、ハプスブルク帝国の崩壊は不可避であったという歴史的必然論を前提としている。末期のハプスブルク帝国は、時代遅れの体制のもとに、硬直化しており、再生へのエネルギーも枯渇していた。帝国はいずれ崩壊すべく運命づけられていたのだ、というのである。だが最近これに対して、専門家の間で、興味ある反論が新たに行われている。

その一人イギリスのアラン・スケッドは、つぎのようにのべる。

ハプスブルク帝国は、大戦さえなければ十分生きのびることのできた国であった。たしかに帝国末期に各民族のナショナリズム運動は盛んとなったが、彼らの間で、共和国として独立しようという動きは起きていなかった。その点では一八四八年のほうがはるかに深刻であった。また世紀末から前世紀初頭にかけて、帝国の経済成長は著しく、ドイツ、スウェーデン、デンマークと肩をならべていた。

致命的であったのは、反セルビア政策をとり、大戦をひき起こしたことだ。当時戦争だけが唯一の選択肢では決してなかった。フランツ・ヨーゼフ帝の宣戦布告は、国家の威信というまったく非合理的な動機に出たものであった。ロンドン・スクール・オブ・エコノミックスの講師でもあるスケッドは以上のように述べる。

一方フランスのフランソワ・フェイトの所論はかなり挑戦的である。

ハプスブルク帝国は「崩壊」したのでも「解体」したのでもなく、戦勝国によって「破壊」させられたのだ。戦勝国が、少数民族を保護する力のないままに帝国を破壊したのは、犯

ボスニアの悲劇　ボスニア東部でイスラム勢力と交戦するセルビア人兵士（1993年3月）。ハプスブルク帝国と同様、ユーゴスラヴィアもボスニアの銃声から崩壊した。民族が錯綜するボスニアは悲劇的宿命を背負っている。

解体したユーゴスラヴィア

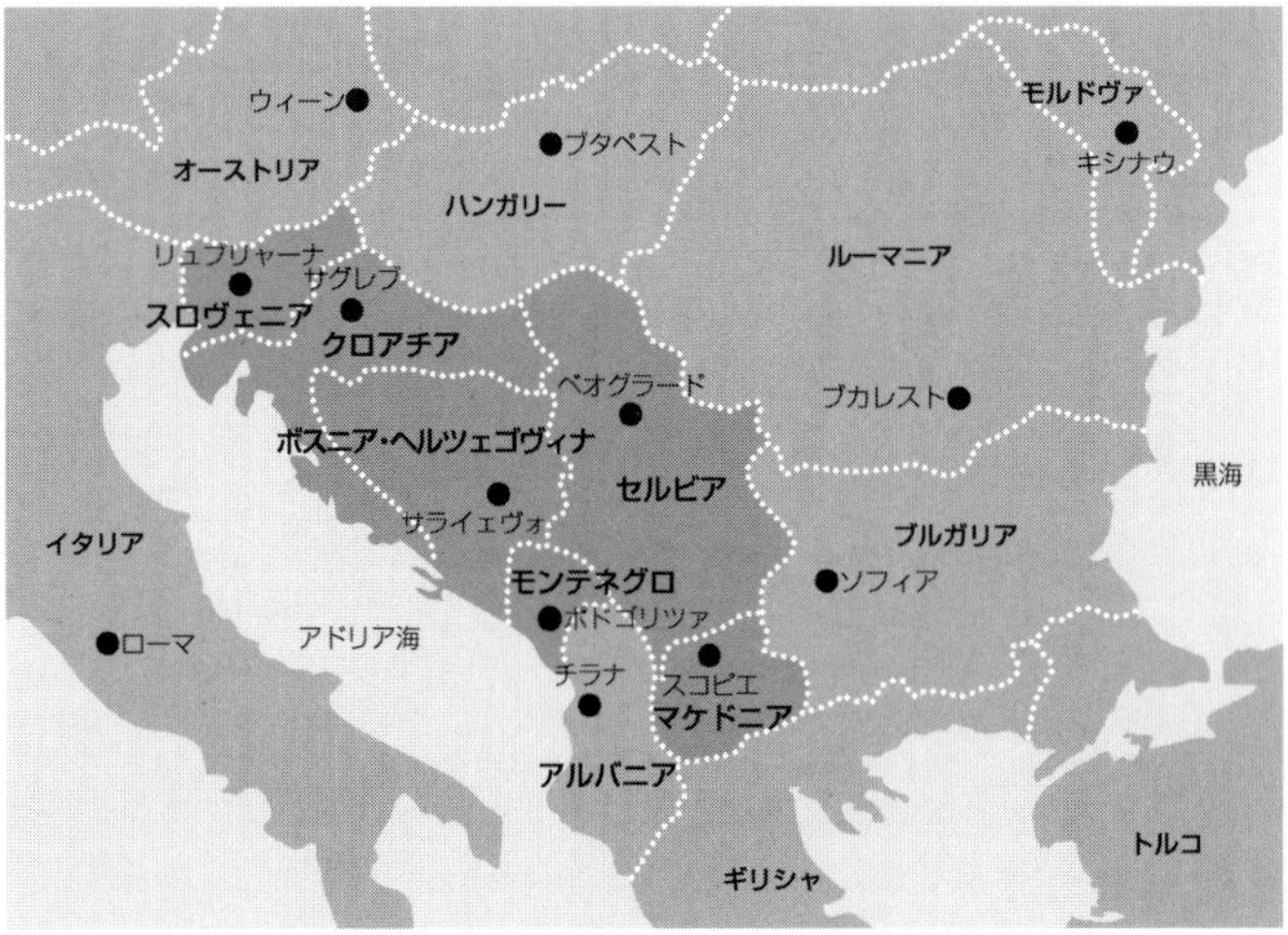

ユーゴスラヴィア解体　ハプスブルク帝国崩壊後に誕生したユーゴスラヴィアは1992年に解体し、74年の短い歴史を閉じた。解体の結果、6つの独立共和国が樹立され、2008年2月にはさらにセルビア南部のコソヴォが独立宣言した。

罪であり、政治的な失策でもあった、と彼は主張する。そしてさらに、ミッテル・オイローパ（中欧）というところは、多くの民族が複雑に入り組んでおり、民族自決の原則など適用することなど、もともと不可能だったのだ、とのべて、A・J・P・テイラーらを批判する。フェイトは、ハンガリー生まれの現代史専門家で、その著書はわが国でも数多く紹介されている。

冷戦後、かつての「東欧」では、民族紛争が激しく燃え上がった。ハプスブルク帝国解体後樹立されたユーゴスラヴィアは、一九九二年に戦火の中で消滅し、同じくハプスブルクの後継国家として誕生したチェコスロヴァキアは、九三年にチェコとスロヴァキアに分裂した。

　こうした現状からすれば、ハプスブルク帝国の解体ははたして賢明な解決であったかどうか、疑問なしとすることはできない。

　旧ハプスブルク帝国が、数世紀にわたって、多民族共存のための器としての役割を果たし、共存をより確かなものにするため、言語・行政面などでさまざまな試みをつづけてきたことは、否定しえない事実である。第一次大戦後連合国がこれを全面的に破壊したことは、複雑きわまる民族分布をもつ帝国の特殊性を、十分に考慮していなかったからである。

「中欧」とEU

さて「東欧」の消滅は、ベルリンの壁の崩壊によって突如始まったのではない。すでにその三カ月前に「中欧」復活への巨大なエネルギーが、ハンガリーとオーストリアとの間の「鉄のカーテン」の一角に、致命的な一撃を与えたのがその発端であった。

　一九八九年八月、ハンガリーの国境の町シ

●中欧とは●

第二次世界大戦と冷戦時代を生きてきた大部分の現代人には、「中欧」という言葉はなじみがうすいが、戦前のヨーロッパでは、欧州中央部を一般に「中欧」と呼んでいた。ヨーロッパを東と西でしか考えなかったこの半世紀は、その意味ではむしろ異常な時代であったといえよう。

「中欧」の範囲は、必ずしも定説があったわけではないが、地理的には、フランスとウクライナの間の地域（広義）、歴史的・文化的には旧ハプスブルク帝国の領域（狭義）をさす場合が多かった。本書では、主として後者の意味で使用した。なお「中欧」はドイツとの関わりが深いので、しばしば「ミッテル・オイローパ」Mitteleuropaとドイツ語で呼ばれる。

ヨプロンで、「汎ヨーロッパ・ピクニック」という集会が開かれたあと、数百人の東ドイツ市民が、カーテンを越えて西側に亡命した。当時欧州議員をつとめていたハプスブルク家の当主オットー大公も、この集会を強力に支持した。事件の一カ月後、ハンガリー政府は国境の開放を正式に決定し、この時点でベルリンの壁はその存在意義を失った。こうして「中欧」再生への道が開かれた。

この集会の名称「汎ヨーロッパ」とは、帝国が崩壊したあと、オーストリア人のリヒャルト・クーデンホフ＝カレルギー伯によって展開されたヨーロッパ統合運動に由来する。ハプスブルク帝国の超民族的理念は、「中欧」から全ヨーロッパに拡大され、偉大な精神的遺産として現代に引き継がれたのである。今日の欧州統合への思想的原点である。

ベルリンの壁崩壊後のヨーロッパは、劇的な変貌をとげたが、なかでも二〇〇四年のEU（欧州連合）の東方拡大は、旧東欧諸国に潜在していた歴史的共同体「中欧」への復元力がこれを可能ならしめたという意味で、注目すべきであろう。

この拡大でEUは新たに一〇カ国を迎え、加盟国を二五カ国にふやしたが、このように多数の国々が、一挙に足並みをそろえて加盟したことは、これまで例がない。

新規加盟国一〇カ国の内訳をみると、半数は旧ハプスブルク帝国の後継五カ国、残り半数のうち三カ国は、その周辺地域のバルト三国である。旧帝国後継五カ国とは、スロヴェニア、チェコ、スロヴァキア、ハンガリー、ポーランド。いずれも既加盟国のドイツ、オーストリアとともに「中欧」の一国として生きてきた国々であり、全体としてみれば中欧ブロックのEU加盟総仕上げの感がある。

この拡大は、一般にはEUの「東方拡大」という冷戦思考的なとらえ方で理解されている。たしかに、そうした戦略的考慮が先行したことは否定しえない。しかしそのために、この拡大の核心ないしは本質的性格を見落としてはならない。

この中欧諸国のブロック加盟は、ベルリンの壁崩壊により、これらの国々がソ連の支配から解放されてから、わずか一五年後のことであった。半世紀にわたる社会主義政権の下で、西欧諸国に対し政治・経済あらゆる点で遅れをとった国々にしては、非常な速さで加盟を実現したことになる。EC（欧州共同体、EUの前身）加盟を果たすには、イギリスですら発足後一五年、スペイン、ポルトガルにいたっては、二八年という長年月を要した。

このように考えると「東方拡大」の早期実現を可能ならしめたのは、ドイツ、オーストリアをふくむ「中欧」自らの復元力ではなかったろうか。もっとも「中欧」容認は、ドイツ勢力圏の正当化に通じるとして、フランスを中心にこれまで根強い反対論があった。

だが第二次大戦後の独仏和解によりこの状況は大きく変化した。数世紀にわたり歴史と文化を共有し、運命共同体を形成してきた新規加盟国群は、「中欧への回帰」という近道をとることによって再びヨーロッパの一員たりえたのである。ハプスブルク帝国が現代に遺したものは決して軽くない。

		1858	＊安政の大獄
1859	イタリア独立戦争勃発、ソルフェリーノでオーストリア大敗	1860	＊桜田門外の変
		1861	イタリア王国樹立
1865	ウィーン環状通り開通式	1863	リンカーン奴隷解放宣言 ＊下関外国船砲撃事件
1866	オーストリア・プロイセン戦争勃発 オーストリア軍、ケーニヒグレーツで大敗 ドイツ連邦解散 プロイセンのもとに北ドイツ連邦結成	1867	＊大政奉還
1867	オーストリア=ハンガリー帝国発足 メキシコ皇帝マクシミリアン（フランツ・ヨーゼフ1世の弟）処刑	1868	＊明治と改元
		1869	スエズ運河開通 ＊日本、オーストリア=ハンガリーと通商条約締結
		1870	普仏戦争
1871	ドイツ帝国樹立		
1873	ウィーン万国博覧会	1873	＊岩倉使節団、フランツ・ヨーゼフ皇帝に謁見
1878	ベルリン会議でオーストリア、ボスニア・ヘルツェゴヴィナに対する占領・行政権を獲得	1877	露土戦争（〜78）
1889	皇太子ルドルフ、マイアリングの狩りの館で自殺		
		1893	＊フランツ・フェルディナント大公来日
		1894	＊日清戦争勃発
1898	皇后エリーザベト、スイス・レマン湖畔で暗殺される		
		1902	＊日英同盟締結
		1904	＊日露戦争勃発
1908	オーストリア、ボスニア・ヘルツェゴヴィナを併合		
		1910	＊日韓併合
1912	第1次バルカン戦争（〜1913）	1912	中華民国成立
1913	第2次バルカン戦争		
1914	オーストリア大公フランツ・フェルディナント夫妻、サライェヴォで暗殺される オーストリア、セルビアに宣戦布告 第1次世界大戦勃発	1914	第1次世界大戦にドイツ、ロシア、イギリス、フランス参戦
1916	皇帝フランツ・ヨーゼフ1世死去 皇帝カール1世即位		
		1917	アメリカ参戦 ロシア革命
1918	チェコスロヴァキア、共和国樹立を宣言 オーストリア=ハンガリー、休戦協定受諾 カール1世退位 オーストリア共和国樹立宣言 ハンガリー共和国樹立宣言 セルビア人・クロアチア人・スロヴェニア人王国（後のユーゴスラヴィア）樹立宣言	1918	アメリカ大統領、民族自決の原則を宣言
1919	オーストリア、サン・ジェルマン条約調印		
1920	ハンガリー、トリアノン条約調印		

1713	スペイン継承戦争の結果ユトレヒト条約が締結され、スペイン王家は、フランス・ブルボン家出身のフェリーペ５世によって引き継がれる		
		1716	＊吉宗、享保の改革
1717	オイゲン公、トルコ軍占領下のベオグラードを征服		
		1720	イタリア、サルデーニャ王国樹立
1733	ポーランド継承戦争(〜1738)の結果、トスカーナなどイタリア領を獲得	1733	ケイ、飛杼を発明（産業革命の原点）
1740	カール６世死去、マリア・テレジア相続		
	プロイセン、シュレージエン侵略		
1741	オーストリア継承戦争勃発（〜1748）		
1742	バイエルン王国、カール７世・アルブレヒト皇帝即位（これにより、帝位は３年間バイエルンのヴィッテルスバッハ家に移る）		
		1744	イギリスとフランス、植民地戦争はじまる
1745	皇帝フランツ１世・シュテファン即位		
	モーツァルト生まれる（〜91）		
1756	７年戦争勃発		
		1762	ロシア女性エカチェリーナ２世即位
1765	皇帝ヨーゼフ２世即位	1765	ワット、蒸気機関を発明
1772	第１次ポーランド分割に参加、クラクフ、ガリツィアなどを獲得	1772	＊田沼意次、老中となる
		1776	アメリカ独立宣言
		1787	＊松平定信、寛政の改革
1790	皇帝レオポルト２世即位	1789	フランス革命
1792	皇帝フランス２世即位	1792	＊ラックスマン、根室に来航
1793	マリー・アントワネット処刑される		
1795	第３次ポーランド分割に参加（第２次は不参加）		
1804	ナポレオンのフランス皇帝即位にともない、フランツ２世、自らをオーストリア皇帝フランツ１世と称す	1804	ナポレオン、フランス皇帝に即位
1805	ナポレオン、ウィーン入城		＊レザノフ、長崎に来航
1806	ナポレオン保護下にライン同盟結成		
	神聖ローマ帝国解体、神聖ローマ皇帝位廃絶		
		1808	＊間宮林蔵、樺太探検
1810	ナポレオン１世、ハプスブルク皇女ルイゼと結婚		
1813	ライプツィヒの諸国民戦争でナポレオン敗退		
1814	ウィーン会議（〜1815）		
1815	会議の結果、ドイツ連邦成立、オーストリア、議長国となる		
		1825	＊異国船打払令
1835	皇帝フェルディナント１世即位	1828	＊シーボルト事件
1848	革命家コシュート・ラヨシュ、ハンガリー人の決起をうながす	1840	アヘン戦争
	ウィーン３月革命勃発、メッテルニヒ失脚	1848	フランスで２月革命
	イタリアのロンバルド＝ヴェネトで暴動		
	プラハで民衆蜂起		
	ウィーン革命鎮圧		
	皇帝フランツ・ヨーゼフ１世即位		
1849	ハンガリーの独立運動、ロシアの支援のもとに武力鎮圧		
1853	フランツ・ヨーゼフ帝暗殺未遂事件	1853	クリミア戦争勃発 ＊ペリー、プチャーチン来航
1857	ウィーン都市近代化に関する勅令	1854	＊日米和親条約締結

1547	カール5世、ミュールベルクで、プロテスタントのシュマルカルデン同盟を破る		
		1549	＊日本にキリスト教伝来
1555	アウクスブルクの宗教和議で、諸侯に信仰の自由が認められる		
1556	カール5世退位		
	フェルディナント1世、皇帝即位		
	ハプスブルク帝国、オーストリア系とスペイン系に分裂		
1558	カール5世死去	1558	イギリス、エリザベス1世即位
		1559	イギリス国協会確立
		1562	ユグノー戦争勃発
1564	皇帝マクシミリアン2世即位		
1571	スペイン、レパントの海戦でトルコ軍を破る		
		1573	＊室町幕府滅亡
1576	皇帝ルドルフ2世即位		
1580	フェリーペ2世、ポルトガル王位を兼ねる		
1581	ネーデルラント北部7州（オランダ）、スペインからの独立宣言	1582	＊天正遣欧使節団派遣
1583	ルドルフ2世、プラハに遷都		
1588	スペインの無敵艦隊、イギリスに敗れる	1589	フランス、ブルボン王朝始まる
		1602	オランダ、東インド会社設立
		1603	＊江戸幕府開く
1609	ネーデルラント北部、スペインから事実上独立を達成		
1612	皇帝マティアス即位	1616	清王朝成立
1618	30年戦争勃発		
1619	皇帝フェルディナント2世即位		
1620	「白山の戦い」で皇帝軍、プロテスタント軍を破る	1620	ピルグリム・ファーザーズ、アメリカ大陸上陸
1632	リュッツェンの戦いで、皇帝軍将軍ワレンシュタイン、スウェーデン王グスタフ2世・アドルフを下す		
1635	フランス、30年戦争に参戦	1635	＊日本人の渡航・帰国禁止
1637	皇帝フェルディナント3世即位	1637	＊島原の乱
1640	ポルトガル、スペインから独立	1642	イギリスで清教徒革命
		1644	明王朝滅亡
1648	ウェストファリア講和条約締結		
1658	皇帝レオポルト1世即位	1657	＊明暦の大火
1683	オスマン・トルコによる第2次ウィーン包囲		
	ポーランド王ソビエスキの率いるキリスト教連合軍、トルコ軍を撃退		
1686	オイゲン公、トルコ軍を追撃しブダ（現ブダペスト）を奪回	1685	＊綱吉、生類憐みの令
		1688	イギリスで名誉革命
1697	オイゲン公、センタの戦いでトルコ軍を破る		
1699	カルロヴィッツ条約で、ハンガリーほかトルコ支配化の広大な領土を獲得		
1700	スペイン最後の王カルロス2世死去により、スペイン系ハプスブルク家消滅		
1701	スペイン継承戦争勃発（～1713）	1701	プロイセン王国発足
		1702	＊赤穂浪士討入り
1705	皇帝ヨーゼフ1世即位		
1711	皇帝カール6世即位		

ハプスブルク帝国年表

	ハプスブルク帝国　［カッコ内は、王または帝即位後の呼称］	世界・日本（＊印）	
1273	ハプスブルク家のルドルフ4世、ドイツ王（ルドルフ1世）に選ばれる	1274	＊元軍来襲（文永の役）
1278	ルドルフ1世、マルヒフェルトで、ボヘミア王オットカルを破る	1279	元、中国を統一
1291	ルドルフ1世死去。王冠はナッサウ家のアドルフ公へ		
1298	ハプスブルク家のアルブレヒト、ドイツ王（アルブレヒト1世）に選ばれる	1299	オスマン・トルコ勃興
1308	アルブレヒト1世、甥ヨハンに殺害される		
1314	息子のフリードリヒ美公、ドイツ王（フリードリヒ美王）に選ばれるが、ヴィッテルスバッハ家と共同統治		
	このあと王冠は、ヴィッテルスバッハ家から、さらにルクセンブルク家へと移る	1333	＊鎌倉幕府滅亡
		1338	＊室町幕府開く
		1339	イギリス・フランス間で百年戦争勃発
1419	ボヘミアでフス戦争勃発（～1439）		
1438	ハプスブルク家のアルブレヒト5世、ドイツ王（アルブレヒト2世）に即位するが翌年死去		
1440	フリードリヒ5世、ドイツ王（フリードリヒ4世）に選ばれる		
1452	フリードリヒ4世、ローマ法王より神聖ローマ皇帝（フリードリヒ3世）の帝冠をうける		
		1453	ビザンティン帝国滅亡
		1467	＊応仁の乱（～77） 戦国時代に入る
1477	フリードリヒ3世、息子マクシミリアンを、ブルグント公女マリアと結婚させる		
		1479	スペイン王国成立
1485	ハンガリー王マーチャーシュ・コルヴィヌス、ウィーンを占領（～1490）		
1493	フリードリヒ3世死去。 マクシミリアン1世、ドイツ王即位 マクシミリアン1世、王宮をインスブルックに構える	1492	レコンキスタ（スペインのキリスト教徒による国土回復運動）終了。 コロンブス、新大陸発見
1496	マクシミリアン1世、息子フィリップ美公を、スペイン王女フアナと結婚させる		
1497	さらに娘マルガレーテを、スペイン王子フアンと結婚させる		
		1498	インド航路発見
1508	マクシミリアン1世、皇帝即位		
1515	マクシミリアン1世、孫のフェルディナントとマリアを、それぞれボヘミア・ハンガリー王家のアンナおよびラヨシュと婚約させる		
1516	マクシミリアン1世の孫カール、後継者の絶えたスペイン王位を継承（カルロス1世）	1517	ルター、ローマ法王告発、宗教改革始まる
1519	マクシミリアン1世の死去により、カルロス1性、皇帝（カール5世）を兼ねる		
		1522	ポルトガル人マゼランの部下、初の世界周航に成功
1526	ラヨシュ2世の戦死により、フェルディナント1世、ボヘミア・ハンガリー王を継承		
1529	オスマン・トルコによる第1次ウィーン包囲		
1533	スペイン人のピサロ、ペルーのインカ帝国を滅亡させる		
		1543	＊日本に鉄砲伝来

◉ハプスブルク家略系図

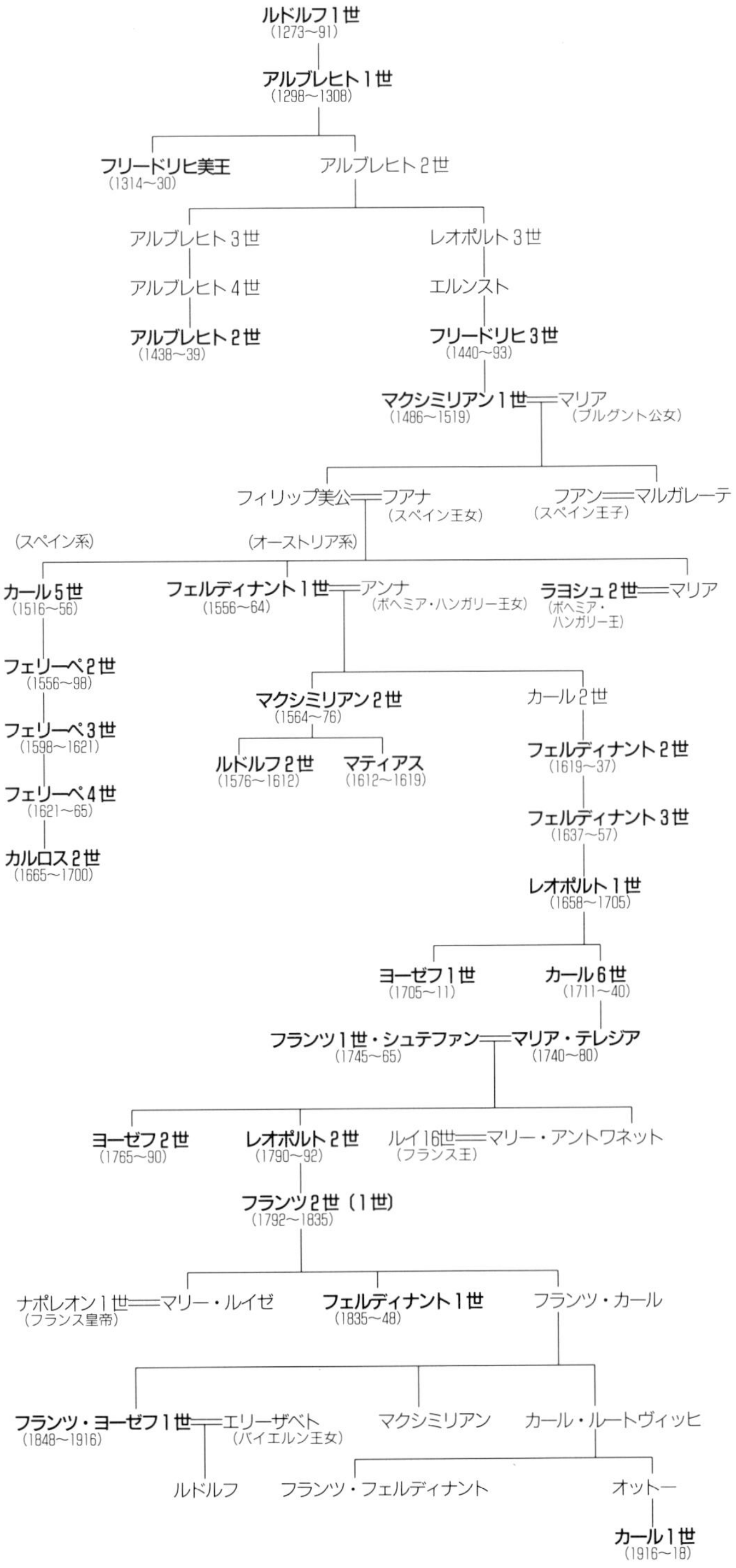

注1 カッコ内の数字は歴代皇帝（王）の在位期間。══は婚姻関係を示す。

2 初代のルドルフ1世からアルブレヒト2世までは、神聖ローマ皇帝の帝冠を受けるにいたらず、たんにドイツ王にとどまった。フリードリヒ3世からフランツ2世までは（マリア・テレジアを除き）神聖ローマ皇帝を継承した。

3 フェルディナント1世以降、皇帝はボヘミア王とハンガリー王を兼ねた。マリア・テレジアは、神聖ローマ皇帝に即位することなく、ボヘミア・ハンガリーの王位についただけであった。

4 フランツ2世の時代に神聖ローマ帝国は消滅。神聖ローマ皇帝の称号は、オーストリア皇帝と変わった。フランツ2世は、オーストリア皇帝フランツ1世と称した。

5 カール5世は、神聖ローマ皇帝とスペイン王を兼ねたが、彼以降のスペイン系ハプスブルク家の統治者は、スペイン王位のみを継承した。

◉参考文献（スペースの関係上、邦語文献は一部主要なものに、外国語文献は最近のものに限定した）

アーダム・ヴァントルツカ著、江村洋訳『ハプスブルク家』谷沢書店、1981.
江村洋『ハプスブルク家』講談社、1990.
加藤雅彦『中欧の復活』日本放送出版協会、1990.
カール・E・ショースキー著、安井琢磨訳『世紀末ウィーン』岩波書店、1983.
W.M.ジョンストン著、井上修一・岩切正介・林部圭一訳『ウィーン精神』１．２．みすず書房、1986.
ゲオルク・シュタットミュラー著、矢田俊隆解題・丹後杏一訳『ハプスブルク帝国史』刀水書房、1989.
Brigitte Hamann, *Die Habsburger. Ein biographisches Lexikon.* Wien, 1988.
Alan Sked, *The Decline and Fall of the Habsburg Empire 1815-1918.* London, 1989.
François Fejtö, *Requiem für eine Monarchie. Die Zerschlagung Österreich-Ungarns.* Wien, 1991.
Brigitte Vacha (Hrsg.), *Die Habsburger. Eine europäische Familiengeschichte.* Graz, 1992.
Manfried Rauchensteiner, *Der Tod des Doppeladlers. Österreich-Ungarn und der Erste Weltkrieg.* Graz, 1993.

◉参考地図

H.Kinder／W.Hilgemann, *dtv-Atlas zur Weltgeschichte. 1.2.* München, 1964.
B.Jähnig & L.Biewer, *Kleiner Atlas zur deutschen Territorialgeschichte.* Bonn, 1990.
Paul R.Magocsi, *Historical Atlas of East Central Europe.* Seattle, 1993.

◉絵画・写真所蔵先

ヴィーナー・ノイシュタット市博物館（ヴィーナー・ノイシュタット）
アルベルティーナ（ウィーン）
医学史研究所絵画写真資料館（同）
ウィーン市図書館（同）
ウィーン市歴史博物館（同）
オーストリア絵画館（同）
オーストリア現代史研究所（同）
オーストリア国立図書館（同）
応用美術博物館（同）
技術博物館（同）
軍事史博物館（同）
美術史博術館（同）
宝物館（同）
ヴェルサイユ宮殿（ヴェルサイユ）
歴史時計博物館（ヴッペルタール）
聖バヴォン大聖堂（ゲント）
連邦資料館（コブレンツ）
ヴェルツ絵画館（ザルツブルク）
ザルツブルク州レジデンツ絵画館（同）
モーツァルト博物館（同）
国立ロシア美術館（サンクト・ペテルブルグ）
大聖堂（シエナ）
国立図書館（パリ）
ルーヴル美術館（同）
ハンガリー議会（ブダペスト）
ハンガリー国立美術館（同）
ブダペスト歴史博物館（同）
国立絵画館（プラハ）
軍事史資料館（同）
芸術歴史資料館（ベルリン）
シャルロッテンブルク宮殿（同）
プロイセン文化財絵画写真資料館（同）
プロイセン文化財国立図書館（同）
歴史博物館（ベルン）
ヘレンド陶器博物館（ヘレンド）
プラド美術館（マドリード）
絵画館（マンハイム）
東欧研究所（ミュンヘン）
防衛史博物館（ラシュタット）
国立絵画館（ローマ）
ハラッハ絵画館（ローラウ）

◉写真提供

イタリア・トリエステ観光振興局
オーストリア政府観光局
加藤雅彦
株式会社　東美
株式会社　読売スタジオ
共同通信社
スイス・ブルック市
ハンガリー共和国大使館
宮本雅弘

◉あとがき

ここ数年来ハプスブルク関係の出版があいついでいる。王家の悲劇やロマンスへの興味、世紀末文化への関心などが一般に高まってきたためと考えられる。時代背景として、冷戦の終結、中欧の復活、民族紛争の発生という欧州情勢の激変が、人々の目をあらためてこの地域に向けさせるようになったこともたしかであろう。

こうした状況の中で本書の執筆を引き受けることになったが、私としては、屋上屋を架する愚をさけるため、つぎの三点にとくに留意した。

第一に、わが国でこれまで出版された一般書は、主として王家や歴史物語に集中している。したがって本書では、ハプスブルク帝国そのものを中心にすえることにした。

第二に、図版構成にあたっては、本文との補完関係に目くばりし、両々あいまって時代像や時代精神に迫れるよう最大限の努力をはらった。

たまたま私は、ウィーンでビデオ・カセット『ハプスブルク家』四巻を入手した。これは、オーストリア国営放送で制作され、一九九三年の秋から年末にかけて、オーストリアのほかドイツでも放映されたシリーズ番組のレジュメ版であるが、この映像は、私にとって非常に有益な刺激となった。

第三に、ハプスブルク帝国を、たんに歴史としてとらえるだけでなく、今日の欧州情勢に照らしてその現代的意義を考えてみた。以下この点について若干敷衍させていただきたいと思う。

ふりかえってみると、私のハプスブルク帝国への関心は、書斎や研究室からはじまったのではなかった。今から三〇年以上も昔、一九六二年のことである。私は冷戦下の東欧を、冬から春にかけて四カ月間取材旅行をしたが、この旅で私は意外な体験をした。大戦の廃墟の中に埋もれ、東西対立の中で忘れ去られてしまった「中欧」の発見である。それは、ハプスブルク帝国がのこした「いま一つのヨーロッパ」であった。

冷戦たけなわの時代、この発見は、私にとってまったく新鮮であり、衝撃的ですらあった。以来彼の地で仕事をすることになった私の欧州地図には、東西ヨーロッパとは別に、もう一つ「中欧」が、ちょうどすかし絵のように重なって存在することになった。私がハプスブルク帝国に関心を抱くにいたったのは、この時以来のことである。

当時「中欧」という言葉は、日本ではもちろん、ヨーロッパでも死語と化していた。「中欧」を口にすることは、ことに東の支配者にとっては許すべからざる異端であった。こうした状況を広く世に訴えるため、私は一九八三年『中欧の崩壊——ウィーンとベルリン』(中公新書)を公にした。

ところが全く偶然にも、その翌年の八四年、東欧の知識人の間で「中欧」論議が燃え上がったのである。それは戦後初めての現象であった。その口火を切ったのが、ハンガリー人作家コンラド・ジェルジであり、チェコ人作家ミラン・クンデラであった。コンラドは『反政治』を、クンデラは『中欧の悲劇』を通じて、ヨーロッパを分断したヤルタ体制を告発した。

当時中央ヨーロッパは、核の海と化しつつあった。核戦争に対する危機感が、彼らをして「中欧人」という新たなアイデンティティに目覚めさせたのである。「中欧人」の立場から、彼らは東と西にプロテストした。彼らは、ハプスブルク帝国における共通の歴史的・文化的な体験の中に、自らのアイデンティティを見出したのである。

ベルリンの壁の崩壊が、「中欧の復活」をもたらしたことは、エピローグの中でのべた通りである。だが、すでにその五年前、あの冷戦の最中で、こうした中欧精神の再生がはじまっていたことは、忘れられてはならない重要な事実である。八九年、壁崩壊に先だってハンガリーで行われた「汎ヨーロッパ・ピクニック」が、鉄のカーテンの一角を突き破ったことは、その延長で起きた象徴的な出来事としてとらえられるべきであろう。

このように、私にとってハプスブルク帝国は、当初からたんなる歴史でなく、今日もなお生きつづける現実であった。こうしたジャーナリストとしての私の関心が、本書に生かされていればと願っている。

終わりに、本書の企画・編集に当たられた河出書房新社の中間洋一郎さんには、並々ならぬお世話になった。ここに心から感謝の言葉を申し上げげたい。

著者

人 名 索 引

●著者略歴

加藤雅彦（かとう・まさひこ）
一九二七－二〇一五年。名古屋市生まれ。欧州問題研究家。東京大学法学部政治学科卒業後、ＮＨＫ入局。ベルリン自由大学留学。ＮＨＫベオグラード、ボン支局長、解説委員。
主著に『東ヨーロッパ』『ドイツとドイツ人』『中欧の復活――「ベルリンの壁」のあとに』（日本放送出版協会）、『中欧の崩壊――ウィーンとベルリン』（中央公論社）、『ドナウ河紀行』（岩波書店、日本エッセイスト・クラブ賞受賞）、『バルカン――ユーゴ悲劇の深層』（日本経済新聞社）、『図説　ヨーロッパの王朝』（河出書房新社）などがある。

ふくろうの本

新装版
図説　ハプスブルク帝国

一九九五年　五　月一五日初版発行
二〇一八年　五　月三〇日新装版初版発行
二〇二二年　四　月三〇日新装版３刷発行

著者……………加藤雅彦
本文デザイン……………岡田武彦
新装版装幀……………松田行正＋日向麻梨子
発行者……………小野寺優
発行……………河出書房新社
東京都渋谷区千駄ヶ谷二－三二－二
電話　〇三－三四〇四－一二〇一（営業）
〇三－三四〇四－八六一一（編集）
https://www.kawade.co.jp/
印刷……………大日本印刷株式会社
製本……………加藤製本株式会社

Printed in Japan
ISBN978-4-309-76272-2
落丁本・乱丁本はお取替えいたします。